Kurt Tepperwein

Hilf Dir selbst, sonst tut es keiner

Kurt Tepperwein

Hilf Dir selbst, sonst tut es keiner

SILBERSCHNUR

ISBN 3-931 652-52-1

1. Auflage 2000
2. Auflage 2001
3. Auflage 2005

Lektorat: Silva Jelen, Herrenberg
Covergestaltung: dtp XPresentation, Boppard
Druck: Finidr, s.r.o. Cesky Tesin

Verlag »Die Silberschnur« GmbH · Steinstraße 1 · D-56593 Güllesheim

www.silberschnur.de
e-mail: info@silberschnur.de

…um ein erfolgreiches und erfülltes Leben zu führen.

Ich möchte Ihnen zeigen, was wir für unseren Erfolg, unsere spirituelle Entwicklung tun können, ganz gleich, in welcher Situation wir uns gesundheitlich, partnerschaftlich befinden. Alle Entwicklungen liegen in unserer Hand. Wir selbst sind verantwortlich. Wir selbst gestalten unser Schicksal. Wir selbst müssen es tragen. Und nur wir selbst können es ändern, und das möchte ich Ihnen zeigen.

Wir leben in einer Welt, die wir Kosmos nennen. Kosmos bedeutet Ordnung. Der Mensch ist ein Teil dieser Ordnung. Wird diese Ordnung gestört, tritt diese Disharmonie als Krankheit oder Leid in Erscheinung. Das bedeutet, was immer uns widerfährt, Krankheit oder Leid, Schicksalsschläge, Glück oder Pech, alles ist von uns verursacht.

Wir müssen zunächst einmal ganz bewusst die Verantwortung für unser Leben übernehmen. Das ist schon ein Schritt, der viele überfordert. Es ist so bequem zu sagen: „Ich habe Pech gehabt, die Umstände..." oder: „Meine Eltern, meine Kraft, mein Geld ließen es nicht zu." Auf einmal müssen wir erkennen: Wir selbst sind verantwortlich. Es ist niemand sonst da. Wir müssen uns von dem Gedanken lösen, es gäbe irgendwo im Universum eine Schicksalsverteilungsstelle, die nach dem Zufallsprinzip dem einen Glück zuteilt und dem anderen Pech. In diesem Kosmos, den wir Ordnung nennen, ist für den Zufall kein Platz. Es gibt nur Ursache und Wirkung. Und alles, was wir erfahren, ist eine Wirkung. Jeder Lebensumstand, jede

Kleinigkeit, ein Autounfall, ein Lottogewinn, der Besuch der Schwiegermutter, Krankheit, alles das verursachen wir selbst. Und wir sind die einzigen, die es ändern können. Wir können es jedoch erst ändern, wenn wir ganz bewusst die Verantwortung dafür übernehmen, wenn wir sagen: „Ja, also gut, ich erkenne: Ich selbst setze die Ursachen dafür, und ab jetzt setze ich ganz bewusst die richtigen Ursachen. Ich bestimme mein Leben. Ich bestimme, ob ich gesund bin oder krank." In dem Moment, wo ich in mir Harmonie halte, kann der Körper nicht gleichzeitig krank werden. Krankheit ist immer ein Ausdruck einer inneren Disharmonie, einer Disharmonie, die letztlich auf negatives Denken zurückzuführen ist. Denn am Anfang von allem, was ist, steht der Gedanke. Sie können sich nicht einmal am Ohr kratzen, ohne vorher daran zu denken.

Es gibt Leute, die unvernünftig leben, aber glauben, in die richtige Richtung zu denken.

Ich kann nicht gegen alle Naturgesetze verstoßen, mich falsch ernähren, falsch kleiden, unzureichend atmen, mich ungenügend bewegen und sagen: „Mein Denken ist in Ordnung." Wenn mein Denken in Ordnung ist, kann ich das nicht tun. Wenn mein Denken in Ordnung ist, halte ich auch die Naturgesetze ein, die ich vorfinde, sonst bin ich mit den Gesetzen nicht in Harmonie. Wenn ich aber mit diesen Gesetzen in Harmonie bin, dann kann ich nicht anders, als mein gerichtetes Denken auch auszudrücken in optimaler Ernährung, zumindest in ausreichender, möglichst sogar optimaler Bewegung, optimalem Denken, optimaler Kleidung, optimalem Verhalten.

Also das Denken entspricht immer dem Verhalten; denn das Verhalten ist die Folge des Denkens. Ich kann nicht sagen: „Mein Verhalten stimmt zwar überhaupt nicht, aber mein Denken ist in Ordnung." Das geht nicht.

Erkennen wir also, es ist kein Platz für Zufall. Und wir sollten uns bewusst machen, dass das Symptom, das wir bisher für die Krankheit hielten, nicht die Krankheit ist, sondern es ist die Botschaft über die Krankheit, ist die Information über die Krankheit. Lösen wir uns also von der Vorstellung, dass das Organ, das uns weh tut, krank sei. Der Schmerz ist immer nur die Information. Das Symptom ist die Information über die Krankheit, nicht aber die Krankheit selbst.

Es ist ungefähr so: Wir haben etwas auf Raten gekauft und eine Rate nicht bezahlt. Dann passiert zunächst nichts. Nach einiger Zeit kommt eine höfliche Mahnung: „Offensichtlich ist es Ihrer Aufmerksamkeit entgangen, und wir bitten nun, diesen Betrag unserem Konto gutzuschreiben." Und genauso macht es der Körper auch. Wenn Sie einen Fehler machen, wenn Sie sich falsch ernähren, wenn Sie sich zu wenig bewegen, wenn Sie zu flach atmen, wenn Sie sich unnatürlich, pflegeleicht kleiden und nicht biologisch, lebensgerecht, kurzum, wenn Sie Fehler machen, passiert zunächst gar nichts, wir können denken, alles ist in Ordnung. Aber nach einiger Zeit schickt der Körper eine leichte Mahnung. Er sagt: „Du, ich fühle mich gar nicht wohl." Das bedeutet, wir wachen auf und sagen: „Ich weiß nicht, heute bin ich gar nicht gut zurecht." Es geht aber auch wieder vorbei. Es ist keine große Sache. Es ist keine Krankheit. Wir fühlen uns nur an einem Tag nicht so besonders. Es kommt ja schon einmal vor. Wir machen uns gar keine Gedanken, dass das eben auch kein Zufall ist.

Ein leichtes Unbehagen, das ist eine erste Mahnung des Körpers an uns: Etwas stimmt nicht. Wenn wir nachdenken, hinschauen – was brauche ich denn, was fehlt mir denn? – und das Richtige tun, verschwindet das Unbehagen ganz von selbst. Wir brauchen kein Medikament, keine Spritze, keine Behandlung. Der Körper hilft sich selbst.

Auch wenn wir das nicht beachten, verschwindet das Unbehagen. Nach einiger Zeit kommt eine ernstere Mahnung, eine Entzündung, ein Schmerz. Wir sagen: „Ich weiß gar nicht, ich habe einen Zug bekommen. Ich kann im Moment den Arm gar nicht hochheben. Das tut richtig weh." Das geht auch von selbst wieder weg. Ganz gleich, ob wir jetzt eine Behandlung vornehmen oder nicht. Es verschwindet von selbst wieder.

Es war eine zweite Mahnung des Körpers hinzuschauen, weil etwas nicht in Ordnung ist. Jetzt aber macht der Körper schon etwas ganz Besonderes. Er schickt uns nicht irgendeine Mahnung, sondern mit dem Symptom zeigt er uns, wo die Disharmonie sitzt. Wir brauchen nur zu lernen, die Botschaft des Körpers zu verstehen. Ich habe darüber ein Buch geschrieben: *„Die Botschaft deines Körpers"*. Darin finden wir eine Antwort auf die Frage: Wo mache ich einen Fehler? Ich brauche nicht alles durchzudenken. Ich brauche nur das Symptom zu übersetzen, lernen, es zu verstehen und weiß: Aha, um das muss ich mich jetzt kümmern. Dort liegt die Schwierigkeit.

Jetzt sind wir einen ganzen Schritt weiter. Jetzt kann ich etwas tun. Und wieder hilft sich der Körper selbst. Das Symptom verschwindet.

Erkennen wir also: Der Körper ist ein Energiefeld. Die Physik lehrt uns, dass Materie nichts anderes ist als eine besondere Form von Energie. Also ist auch der Körper ein Energiefeld. Und ein Medikament ist nichts anderes als eine bestimmte Energieform, die ein energetisches Defizit im Körper ausgleichen soll. Ich nehme ein Medikament, wodurch das Energiedefizit des Körpers ausgeglichen wird, im Idealfall ohne Nebenwirkungen. Das Medikament hat mir geholfen. In Wirklichkeit hat es mir nicht geholfen. Es hat nämlich nur das Symptom beseitigt, den Schmerz, nicht aber die Ursache für das Energiedefizit. Wir müssen lernen, die Wirklichkeit hinter dem Schein zu erkennen.

Aber damit wir wieder ins Gerichtetsein zurückkehren, sollten wir vielleicht zunächst einmal eine Stille-Minute machen. Eine Stille-Minute, in der wir uns selbst zeigen, dass wir diszipliniert sind, dass wir unseren Körper beherrschen, dass wir unser Denken beherrschen, dass wir bestimmen, was geschieht. Machen wir zunächst einmal eine ganz einfache Übung und gehen dann immer ein bisschen weiter.

Setzen Sie sich doch bitte einmal bequem hin. Der erste Teil der Übung ist, bewegungslos zu sitzen.

Meditation im Seminar:

Ich schließe einmal meine Augen, sitze absolut bewegungslos, und ich denke daran, dass Bewegungslosigkeit im ganzen Raum nur erlebt werden kann, wenn ich auch mitmache, wenn jeder Einzelne mitmacht. So bitte ich jeden Einzelnen einmal, seinen Körper zu kontrollieren, dass er zwei, drei Minuten absolut bewegungslos ist. Ich lasse meinen Körper einfach los. Das einzige, was sich bewegt, ist mein Atem.

Bitte jetzt keine Bewegung mehr zulassen.

Ich spüre, wie sich die Atmosphäre im Raum verändert, wenn der Letzte zur Ruhe gekommen ist.

Bitte mitmachen.

Und nun konzentriere ich einmal die Vielfalt meiner Gedanken auf einen Punkt. Ich beobachte meinen Atem. Bitte keine Körperbewegung mehr. Ich beobachte, wie gut es mir gelingt, alle anderen Gedanken loszulassen und nur noch meinen Atem zu beobachten.

Und während ich meinen Atem beobachte, lasse ich ihn behutsam tiefer werden. Ich atme ruhig und gleichmäßig, lasse die Außenwelt los und sinke jetzt einfach in mich hinein. Ich lasse mich in mich hineinsinken, lasse einfach los und sinke in mich hinein.

Und während ich in mir ruhe, lasse ich mein Bewusstsein weit werden. Lasse mein Bewusstsein immer weiter werden, beziehe meinen Nachbarn zur Rechten und Linken mit ein in mein Bewusstsein, auch den Teilnehmer vor und hinter mir; und lasse mein Bewusstsein immer noch weiter werden, bis es diesen ganzen Raum ausfüllt. Ich erfülle diesen ganzen Raum mit meinem weiten Bewusstsein.

Jeder einzelne Teilnehmer ist jetzt in meinem Bewusstsein. Der ganze Raum ist erfüllt von meinem Bewusstsein. Wir alle sind jetzt eins im Bewusstsein. Wir sind ein Bewusstsein.

Und in diesem einen Bewusstsein öffne ich jetzt mein Herz und lasse meine Liebe fließen, erfülle diesen ganzen Raum mit meiner Liebe. Und ich spüre, je mehr Liebe ich fließen lasse, desto mehr Liebe strömt in mich ein.

Und ich erkenne, es ist SEINE Liebe, die durch mich wirkt. So lasse ich ganz bewusst SEINE Liebe durch mich wirken und fließen, hülle jeden Einzelnen ein in diese Liebe, nehme ihn so an, wie er ist, bin eins mit ihm in Liebe.

Ich öffne mein Herz ganz weit und lasse so viel Liebe fließen, wie durch mich fließen kann; erfülle mit SEINER Liebe den ganzen Raum und spüre auch dankbar die Liebe, die mir entgegengebracht wird; spüre, wir sind eins in Liebe.

Und auch ich ruhe in SEINER Liebe. Ich mache mir bewusst, ich ruhe in der Geborgenheit SEINER Liebe. In diesem einen Bewusstsein, verbunden durch SEINE Liebe, gehe ich durch den Tag. Ich bleibe in diesem weiten Bewusstsein der Einheit, lasse weiter SEINE Liebe fließen, bin ganz bewusst in der Geborgenheit SEINER Liebe.

In diesem Bewusstsein kehre ich wieder zurück an die Oberfläche des Seins, zurück ins Hier und Jetzt.

Wann immer ich bereit bin, öffne ich meine Augen und bin wieder ganz bewusst im Hier und Jetzt; aber ich lasse mein Bewusstsein ganz weit und bleibe in der Liebe.

~ ~ ~ ~ ~ ~ ~ ~ ~

Mit dieser Stille-Minute, die wir uns vielleicht zur Gewohnheit machen sollten, führen wir uns selbst vor Augen, wie diszipliniert wir sein können oder eben noch nicht. Die Selbstdisziplin ist der Schlüssel für jeden Fortschritt, für jede Entwicklung. Wir können uns vor Augen führen, wie weit wir bereit und fähig sind, Disziplin zu üben.

Seminarsituation:

Ich spüre, es tun sich noch einige schwer mit ihrer geistigen Haltung. Sie sind vielleicht noch in der Haltung: „So, meine Gebühr habe ich bezahlt, jetzt entwickeln Sie mich einmal!“ Damit werden Sie von diesem Seminar nicht sehr viel profitieren. Sie schließen sich ab. Sie gehen nicht mit in die Einheit. Wir müssen erkennen, wir alle sind eins. Alle Menschen sind eins. Wir sind für einander verantwortlich. Ein einziger im Raum, der nicht bereit ist mitzumachen, verhindert, dass alle anderen zu einem optimalen Ergebnis kommen. Es ist genauso, wenn Menschen Stille erleben wollen und einer macht Krach. Es können alle die Stille nicht erleben.

Ich bitte die Konsequenz zu überlegen: Entweder arbeiten wir wirklich zusammen als Einheit, handeln aus dieser Einheit heraus, oder wir sind nicht bereit dazu und haben jetzt noch die Gelegenheit zu gehen. Es geht nur, wenn wir alle wirklich mitmachen. Und denken Sie daran: Jeder Einzelne ist in meinem Bewusstsein. Ich sehe nicht nur jede Bewegung, ich spüre jeden Gedanken, jedes Gefühl. Und wenn wir in der Einheit sind, geschieht es den anderen genauso mehr und mehr. Wir schärfen unsere geistigen Sinne. Wir spüren aber nicht nur die Störungen, wir spüren natürlich genauso intensiv die Sympathie, die Harmonie des anderen, seine Liebe, sein offenes Bewusstsein. Es hilft uns auch, weiter zu werden, harmonischer zu werden. Und in diesem Kraftfeld tragen wir uns gegenseitig hoch. Es geht aber nur, wenn jeder seinen Teil der Verantwortung für das Ganze übernimmt und wirklich mitmacht. Sie selbst beschenken sich am reichsten dadurch. Es geschieht etwas für Sie hier, heute. Denn wir bauen mehr und mehr dieses Energiefeld des Bewusstseins und der Liebe auf. Wir alle werden dadurch ausgerichtet. Wir werden gestärkt. Wir werden gesünder. Wir werden harmonischer, gleich heute in diesem Seminar. Aber nur, wenn wir wirklich miteinander diesen Weg gehen.

Kehren wir noch einmal zurück zu dem Gedanken, der beste Arzt, das teuerste Medikament kann nicht heilen. Heilen kann nur die Heilkraft in uns. Der beste Arzt kann also nur die Heilkraft begünstigen, kann Hindernisse zur Seite räumen helfen, damit sie wirken kann. Was heilt, ist die Heilkraft in uns.

Wir haben gehört, ein Medikament ist eine Energieform, die helfen kann. Auch Nahrungsmittel können, wenn sie gut ausgewählt sind, die besten Medikamente sein. Aber die stärkste Energie ist der Gedanke. Es kommt also darauf an, dass wir mit dieser stärksten Energie bewusst umgehen. Denn jeder Gedanke verändert unser Bewusstsein. Und unser Bewusstsein steuert jede Zelle unseres Körpers.

Wir müssen uns einmal bewusst machen, wer wir sind. Wir haben etwa zweihundert Billionen Zellen. Jede Zelle, ein Universum für sich, besteht aus unzähligen Atomen. Jedes Atom ist ein Sonnensystem für sich mit einer zentralen Sonne und Planeten, Neutronen, Protonen, Elektronen. Jede Zelle ist ein Universum, und wir haben zweihundert Billionen solcher Universen in uns. Und jede Zelle hat ein eigenes Zen-Bewusstsein. Jedes dieser Universen hat also ein eigenes Bewusstsein. Und wir, unser Bewusstsein, ist der Gott in diesem Universum, das zentrale Bewusstsein, das alles bestimmt. Jeder meiner Gedanken, jede Veränderung in meinem Bewusstsein teilt sich mit Lichtgeschwindigkeit jeder einzelnen Zelle meines Körpers mit.

Ich werde es Ihnen noch beweisen, dass jeder Gedanke Sie sofort verändert.

Wir müssen also als Erstes lernen, ein weiser Gott in unserem Universum zu werden. Wir müssen lernen, dieses zentrale Bewusstsein bewusst auszurichten auf das höhere Bewusstsein, denn wir bestimmen das Schicksal dieses Teils des Universums, dieses Universums unseres Körpers. Jeder Gedanke hat also einen unmittelbaren Einfluss auf den Zustand des Körpers über das Zell-Bewusstsein.

Wir brauchen nur geistige Einflüsse auf den Körper zu nehmen, die wir alle kennen, Ärger, Stress, Angst. Das sind Bewusstseinszustände, die einen sofortigen Einfluss haben. Wenn Sie sich ärgern, geschehen vielfältige Wirkungen im Körper. Der Blutdruck wird hochgejagt. Die Verdauung wird beeinträchtigt. Der Schlaf wird schlechter. Die Laune wird verdorben. Die Nerven werden überlastet. Es gibt viele Wirkungen, die auf Grund dieser geistigen Bewusstseinsänderungen erfolgen, die wir Ärger nennen.

Unser Denken ist im Wesentlichen abhängig von unserem Weltbild, unserer Lebensphilosophie, von unserer Antwort auf die Frage: Wer bin ich wirklich?

Ich muss also meine Antwort finden auf diese Frage. Wenn ich glaube, das Leben beginnt mit der Geburt und endet mit dem Tod, dann habe ich keine große Verantwortung. Dann kann es nur der Sinn des Lebens sein, so viel Spaß wie möglich zu haben, solange wie möglich zu leben, so gesund wie möglich. Das ist dann meine ganze Verantwortung. Wenn ich es aber für möglich halte, dass es ein Davor und ein Danach gibt, dann sieht es ganz anders aus.

Wenn ich nur das Leben als Spanne von der Geburt bis zum Tod sehe, dann gibt es scheinbar viel Ungerechtigkeit. Dann ist der eine klüger als der andere, hat von vornherein Vorteile, oder er ist reicher, und der andere ist ärmer. Der eine hat das Glück, in diesem Land geboren zu sein, der andere ist in einem Land geboren, wo er von vornherein keine Chance hat, wo es nicht genug zu essen gibt, wo die politischen und wirtschaftlichen Verhältnisse instabil oder menschenfeindlich, lebensfeindlich sind.

Worauf ist das zurückzuführen? Wir alle glauben doch an Gott. Und wir glauben doch auch, dass Gott alle Menschen gleich lieb hat. Es wäre ungerecht, wenn er sagt: „Also dich liebe ich besonders. Dich liebe ich noch einigermaßen. Dich liebe ich nicht so sehr.“ Das würden wir Gott doch nicht zutrauen. Gott liebt doch seine Geschöpfe.

Welche Erklärung haben wir dafür, dass er einen Großteil seiner Geschöpfe in Hunger leben lässt, in Not, in Folter, in Schwierigkeiten, in Regionen dieser Welt, wo sie gar keine Chance haben? Andere leben im Überfluss und wissen vor Überfluss nicht, was sie tun sollen. Was kann sich Gott dabei gedacht haben?

Ich persönlich glaube, dass er für unser Schicksal nicht verantwortlich ist. Ich glaube, dass er jedes Geschöpf vollkommen geschaffen hat. Jede Seele, unser wahres Selbst, ist vollkommen. Es liegt nur an uns, vollkommenen Gebrauch von dieser Vollkommenheit zu machen. Es ist unser geistiges Erbe zu lernen, uns selbst in Besitz zu nehmen. Und dazu braucht es Disziplin. Dazu brauchen wir einfache Übungen, die meist jedoch nicht einmal auf Anhieb klappen, zum Beispiel den Körper einmal bewegungslos zu lassen. Wir machen viele unbewusste Bewegungen, einmal eben kratzen, einmal gerade die Füße neu hinstellen.

Wir schaffen es nicht einmal, zwei, drei Minuten unseren Willen durchzusetzen und das zu tun, was geschehen sollte. Wie wollen wir dieses Universum weise regieren? Wir müssen also ganz unten anfangen, ein Fundament zu schaffen, uns in Besitz zu nehmen. Ich glaube, dass Gott uns absolute Schöpfungskraft mitgegeben hat als unser geistiges Erbe. Wenn wir wirklich Gottes Kinder sind, dann hat er uns nicht schlechter gemacht, als er ist.

Auch Vater und Mutter geben ihren Kindern alles mit, was sie sind, über die Genetik, den Zustand ihres Körpers, über die Erziehung, die Bildung des Charakters. Die Eltern geben ihren Kindern das Beste. Warum sollen wir annehmen, dass Gott es nicht genauso gemacht hat?

Ich gehe davon aus, dass er uns sein Bestes mitgegeben hat, Vollkommenheit, und dass wir Schöpfungskraft haben, dass jeder unserer Gedanken eine Schöpfung ist. Das werde ich Ihnen heute beweisen.

Wenn wir erkennen, dass wir nicht mit der Geburt entstehen oder bestenfalls mit der Zeugung, sondern dass es ein Davor gibt und dass es ein Danach gibt, wenn wir erkennen, dass das Leben selbst unsterblich ist, dass alles, was lebt, immer sein wird, wenn wir das einmal in unser Bewusstsein genommen und es erkannt haben – man kann es leicht erleben, man kann es sich begreiflich machen, indem man es einmal in einer Rückführung erfährt – dann bekommt das Leben einen ganz anderen Sinn. Denn dann erkennen wir, dass es nicht sinnvoll ist, hier möglichst viel Besitz anzustreben, was die meisten Menschen tun. Sie wissen aber auch alle, am Ende ihres Lebens müssen sie alles zurücklassen.

Wir sind nackt angekommen. Wir werden nackt gehen. Alles, was wir in der Zwischenzeit bekommen, sind nichts anderes als Leihgaben des Lebens für eine begrenzte Zeit, manchmal nicht einmal für das ganze Leben. Und was ist schon ein Leben, siebzig oder hundert Jahre? Unbedeutend in der Ewigkeit, die wir sind, wenn ich erkenne, ich bin Bewusstsein, es mir einmal bewusst gemacht habe: Ich bin nicht dieser Körper. Ich bin Bewusstsein. Wenn ich weiß, ich werde immer sein, denn Bewusstsein wird nicht geboren, Bewusstsein kann nicht gezeugt werden, Bewusstsein kann nicht altern, kann nicht krank werden, bekommt keine Falten, kann nicht sterben. Bewusstsein IST. Und ICH BIN Bewusstsein.

Wenn Sie morgens in den Spiegel schauen, sagen Sie vielleicht: „Das ist mein Körper." Aber wer sagt das? Der Körper kann es nicht sagen. Er kann sich nicht selbst gehören. Es muss also eine Instanz in Ihnen sein, die sagt: „Das ist mein Körper." Ihr Bewusstsein, das, was Sie wirklich sind, Ihr wahres Selbst.

In dem Moment, wo Sie das sagen, sind Sie selbstbewusst. Sie machen sich einen Moment Ihr wahres Selbst bewusst. Ich bin nicht dieser Körper. Ich bin nicht dieser Name, den dieser Körper trägt. Ich bin nicht die Rolle, die er spielt. Ich bin Bewusstsein. Ich bin

Bewusstsein, das unzählige Körper hatte und noch so viele haben wird, wie die Entwicklung es notwendig macht.

Und ich glaube, dass es jedem Einzelnen von uns genauso geht. Und für den Fall, dass Sie glauben, es kollidiert mit einer christlichen Haltung, darf ich Sie daran erinnern, dass bis zum Konzil zu Konstantinopel (553 n. Chr.), also über fünfhundert Jahre lang, das der Urglaube des Christentums war. Dann erst wurde die Reinkarnation weggestrichen und nicht einmal von der Kirche, nicht einmal vom Papst, sondern vom Kaiser Justinianus. Der Papst war nicht einmal einverstanden, aber es ist bis heute gestrichen geblieben. Ist erst einmal etwas geändert, ist es so.

Unzählige Heilige, z.B. der heilige Franziskus, der heilige Hilarius – ich kenne über hundert, die über Reinkarnation berichtet haben, sie überliefert haben – große Kirchenlehrer, Origenes, Tertullian, Meister Eckhart haben es in der Kirche unterrichtet. Wir müssen uns nur vor Augen führen: Falls das mit unserem Glauben kollidieren sollte, in Wirklichkeit tut es das nicht. Es kollidiert bestenfalls mit der heutigen Form des Glaubens, aber nicht mit dem eigentlichen Christentum.

Aber wir richten uns ja eigentlich nach der Wahrheit und der Wirklichkeit, oder wir sollten es zumindest tun. Also sollten wir uns nicht selbst Grenzen setzen, sondern sollten erkennen: Ist es so, oder ist es das nicht? Denn die Wirklichkeit hat einen Vorteil, sie wirkt, ganz unabhängig von der derzeit herrschenden Glaubensrichtung. Sie kümmert sich nicht um den menschlichen Geist. Sie wirkt. Und Wahrheit beweist sich aus sich selbst.

Wenn ich es einmal erlebe, dass ICH BIN, dann bekommt plötzlich alles einen ganz anderen Sinn. Ich erkenne, dass ich nur eines aus diesem Leben mitnehme: Es sind meine Erfahrungen, nicht einmal mein Wissen. Wenn ich Fremdsprachen gelernt habe oder einen Beruf, das vergesse ich wieder. Mit dem Zerfall dieses Körpers zerfällt das Gehirn, zerfällt mein Wissen. Wissen ist also nur ein Hilfsmittel für Weisheit, für Erkenntnis. Weisheit bleibt, Wissen zerfällt. Erkenntnis ist das Einzige, das ich mitnehme, wenn ich weitergehe.

Wie viel Zeit verwenden wir, um Erkenntnisse zu erwerben? Und wie viel Zeit unseres Lebens verwenden wir, um Besitz zu erwerben, für den Rentenanspruch, Anerkennung, die Liebe der anderen Menschen, Macht? Das sind alles Dinge, die wir hier zurücklassen, die uns nur für eine vorübergehende Zeit zur Verfügung stehen. Wenn wir das aus dieser Sicht sehen, wenn wir einmal als Bewusstsein hinschauen, dann erkennen wir, dass wir alles hier zurücklassen, dass wir einen Großteil unserer Zeit, unseres Lebens – denn Zeit ist Leben, Zeit ist nicht nur Geld – damit verbringen, Dinge zu erwerben, die wir hier zurücklassen. Viele Menschen ruinieren in der ersten Hälfte ihres Lebens ihre Gesundheit, um zu Geld zu kommen, und in der zweiten Hälfte bringen sie dieses Geld zum Arzt, um gesund zu werden. Das ist nicht sehr vernünftig. Wir sollten überprüfen, ob wir uns vernünftig verhalten, ob wir aus dieser Sicht der Dinge das Richtige tun. Wenn wir das erkannt haben, dann können wir alle diese äußeren Dinge loslassen.

Wenn Sie heute sterben würden, an was würden Sie noch hängen? Was würde Ihnen schwer fallen loszulassen? Machen Sie sich das einmal bewusst: Ihr Haus, Ihren Partner, Ihr Kind, einen lieben Menschen, die Rolle, die Sie spielen, die Macht, die Sie vielleicht ausüben, die Position, die Sie einnehmen? An was hängen Sie noch? Können Sie alles loslassen? Haben Sie es losgelassen?

Eines Tages wird Ihre Antwort überprüft werden. Spätestens wenn Sie sterben, werden Sie gezwungen loszulassen und dann zeigt sich, ob Sie wirklich losgelassen haben. Ein altes Sprichwort der Mystiker des Mittelalters sagt: Wer nicht stirbt, bevor er stirbt, der verdirbt, wenn er stirbt.

Sterben, bevor man stirbt, heißt also: Im äußeren Schein sterben, loslassen, keine Verbindung haben. Es heißt nicht, dass Sie Ihr Haus verschenken sollen, Ihren Partner verlassen sollen, sich nicht mehr um Ihre Kinder kümmern sollen, im Gegenteil, jeder Einzelne soll den Platz, den er hier einnimmt, optimal ausfüllen. Es heißt nur, die Bindung lösen, nicht die Verbindung. Es heißt nur, wirklich frei werden. Es heißt nur, die Fähigkeit haben, wenn das Leben etwas zurückverlangt, zu sagen: „Bitte, nimm es. Hier ist es! Ich brauche es nicht." In dem Bewusstsein, es kommt immer Besseres nach.

Wenn ich dieses Bewusstsein habe, bin ich frei. Wenn ich diese Bindungen gelöst habe, kann ich sehr viel leichter durch das Leben gehen, werden viele Probleme, die ich mir sonst selbst geschaffen habe, gar nicht erst auftauchen. Ich brauche sie also auch nicht zu lösen.

Wir versuchen jetzt einmal, unsere Lebenseinstellung zu überprüfen. Ich bitte Sie, mir kein Wort zu glauben. Alles, was ich sage, könnte falsch sein. Ich bitte nur, dass Sie es im Herzen bewegen und prüfen, ob es in Ihnen Ja sagt. Und wenn es in Ihnen Ja sagt, dann ist es Ihre Wahrheit geworden. Dann aber sollten Sie sich danach richten.

Achten wir also mehr auf die Botschaft unseres Körpers, der uns laufend sagt, wo wir in Disharmonie gefallen sind, wo wir vom Weg abgewichen sind. Und lösen wir nicht nur das Symptom auf, sondern die Ursache dahinter. Fragen wir uns bei jeder einzelnen Erkrankung:

- Warum habe ich das?
- Warum gerade das?
- Warum gerade jetzt?
- Was will mir das sagen?

Stellen Sie sich vor, wir würden mit unserem Auto so umgehen wie mit unserer Gesundheit. Stellen Sie sich vor, es leuchtet die Ölkontrolllampe auf, Sie fahren in die Werkstatt, und der Monteur sagt: „Kleinen Moment, ich helfe Ihnen sofort. Ich schraube Ihnen das Birnchen heraus, oder ich klemme das Kabel ab." Dem würden Sie etwas erzählen. Sie würden ihm erzählen, wie kurzsichtig das ist, dass die Ölkontrolllampe in Ordnung ist, dass sie nur zeigt, dass ganz woanders ein Problem entsteht, wenn man sich nicht darum kümmert.

Und die Ölkontrolllampe zeigt es rechtzeitig an. Was aber passiert, wenn ich das nicht weiß? Der Monteur schraubt mir das Birnchen heraus, und ich fahre weiter. Mein Auto fährt. Es scheint alles in Ordnung zu sein. Ich habe keine Probleme.

Es ist wie mit unserer Gesundheit. Wenn wir einen Schmerz abstellen, ist scheinbar alles in Ordnung – eine Weile lang.

Beim Auto passiert es, dass nach einiger Zeit das Kühlwasser zu heiß wird, und das Thermometer geht in den roten Bereich. Und so fahren Sie wieder zu diesem Monteur hin, der Ihnen so gut geholfen hat. Er sagt: „Kleinen Moment, haben wir sofort", klebt den Kühlwasseranzeiger mit Tesafilm im grünen Bereich fest und sagt: „So, alles ist wieder in Ordnung." Und wir fahren weiter. Und das Auto fährt, nur nicht mehr ganz so lange. Irgendwann hören wir ein sonderbares Geräusch. Wenn wir Pech haben, fliegen uns die Kolben um die Ohren.

Und dann beklagen wir uns, was wir mit diesem Auto für ein Pech gehabt haben. Zuerst war es die Ölkontrolllampe, dann das Betriebsthermometer, und jetzt ist auch noch die Maschine kaputt. In Wirklichkeit war eine kleine Sache nicht in Ordnung. Es wurde ein Mangel aufgezeigt. Hätten wir ihn beseitigt, wäre das Auto in Ordnung. Wie gesagt: Mit unserem Auto machen wir so etwas nicht. Da überblicken wir die Zusammenhänge. Wir machen so etwas nur mit so etwas Unersetzlichem wie unserer Gesundheit.

Wenn wir Geld haben, können wir uns ein neues Auto kaufen. Einen neuen Körper aber können wir uns nicht kaufen. Wir ruinieren diesen Körper durch unsere Kurzsichtigkeit. Also müssen wir uns zunächst einmal bewusst machen, was wir unserem Körper antun. Wir müssen uns richtig verhalten. Wir müssen erkennen, was ein Symptom uns sagen will, und wir sollten die Ursache beseitigen und nicht mehr das Symptom.

Wenn wir es nicht verstehen, kaufen wir uns ein Buch, lesen nach: Was will mir mein Körper damit sagen? Wenn wir bereit sind, ändern wir uns und erleben, dass der Körper das Symptom von selbst zum Verschwinden bringt. Eigentlich braucht man sich darum gar nicht zu kümmern.

Die medizinische Behandlung sollte eigentlich mit der Ursachenforschung beginnen, die Ursache beseitigen helfen und dann erst das Symptom zum Verschwinden bringen. Denn dann brauchen wir die Mahnung nicht mehr. Wir aber beseitigen nur das Symptom.

Stellen Sie sich vor: Sie haben eine Schuld und Ratenzahlung dafür vereinbart. Sie haben eine Rate vergessen und würden jetzt feierlich die Mahnung verbrennen. Sie können sich einbilden: Jetzt ist alles in Ordnung. Es ist nichts mehr davon zu sehen, nur noch Asche. Sie spülen die Asche weg. Dann kommt eine neue Mahnung.

Genauso macht es der Körper. Obwohl in der heutigen Zeit Unsummen für Gesundheit ausgegeben werden, waren die Menschen noch nie so krank. Noch nie in der Menschheitsgeschichte wurde dem Körper so viel Aufmerksamkeit geschenkt. Die Leute hatten überhaupt keine Zeit dazu. Sie mussten hart arbeiten. Noch nie war so viel Geld da, um das alles tun zu können, und noch nie waren die Menschen so krank. Wie kann man sich das erklären? Das ist doch ein Unsinn. Bei diesem großen Interesse, das der Gesundheit entgegengebracht wird, müssten eigentlich Kranke ganz rar sein. Sie müssten in einer Wanderausstellung ausgestellt werden, damit man noch einmal sieht, wie es ist, wenn einer krank ist. So selten müssten eigentlich bei diesem Aufwand Kranke sein. Vielleicht dürfte es sie überhaupt nicht mehr geben.

Und wir alle wissen, wir sind eben nicht gesund. Wir sind nicht gesund, weil wir eins machen: Wir unterdrücken immer erfolgreicher die Symptome und kümmern uns um die eigentliche Krankheit überhaupt nicht.

Ich aber möchte Ihnen durch dieses Buch helfen, sich selbst zu helfen. Der erste Schritt dazu ist, die Wirklichkeit hinter dem Schein zu erkennen. Denn solange ich noch glaube, das Symptom ist die Krankheit, werde ich immer weiter das Falsche machen, wird die Medizin immer raffiniertere Möglichkeiten erfinden, immer schneller das Symptom zum Verschwinden zu bringen. Und der Organismus wird so gezwungen, immer schneller neue Symptome hervorzubringen, denn er ist ja noch immer nicht in Ordnung. Es wird ein neuer Spezialist kommen mit einem neuen Medikament, mit einer neuen Behandlung, die das Signal noch schneller zum Verschwinden bringt, damit noch schneller an anderer Stelle wieder ein Symptom auftaucht. So können wir also nicht gesund werden. Erkennen wir einmal, dass wahre Gesundheit eine Änderung des Bewusstseins erfordert. Nur dort sitzt die Ursache unserer Krankheit. Und nur dort kann man sie ändern.

Jede Krankheit ist eine Aufforderung, mein Bewusstsein zu verändern. Sie ist nicht eine Aufforderung, den alten Zustand wieder herzustellen, denn der hat mich gerade krank werden lassen, sondern einen Schritt vorwärts zu tun.

Wenn wir einmal auf unsere Kinder schauen, dann werden wir merken: Wenn unsere Kinder einmal krank waren, machten sie einen Reifeschritt. Nach einer schweren Krankheit wird ein Kind erwachsener. Es macht einen deutlichen Sprung in seiner Entwicklung. Wir erkennen: Die Krankheit hat das Kind reifen lassen. Und wir erkennen noch eines: Das Schicksal heilt jeden. Wir haben nur die Alternative, ob wir freiwillig lernen wollen aus der Erkenntnis, oder ob wir das Schicksal zwingen, uns über die beiden Nachhilfelehrer Nachhilfeunterricht zu geben, in der Erkenntnis über Krankheit und Leid. Jede Krankheit ist nichts anderes als ein Nachhilfeunterricht des Schicksals. Wir haben nicht den königlichen Weg gewählt – zu lernen über die Erkenntnis. Also müssen wir den normalen, den üblichen Weg gehen über Krankheit und Leid.

Aber es liegt in unserer Hand. Ändere ich mein Bewusstsein, bringe ich mich in Harmonie mit den Naturgesetzen, bin ich eins mit dem Leben, kann ich nicht krank werden.

Erkennen wir: Die Krankheit ist nicht mein Feind, sondern mein Freund. Es wäre die schlimmste Krankheit, nicht mehr krank werden zu können, weil wir dann nicht mehr wüssten, dass wir vom Weg abgekommen sind. Es wäre niemand da, der es uns zeigt. Wir würden erst am Ende des Lebens erkennen, welche Fehler wir gemacht haben. Da wir uns dabei wohl gefühlt haben, haben wir gedacht: „Alles ist in Ordnung." Wir würden aus allen Wolken fallen. Deswegen hat uns ein gütiges Schicksal diesen Freund zur Seite gestellt, der uns sofort aufmerksam macht, wie es ein guter Freund tun sollte. Ein guter Freund sollte nicht Komplimente machen, sondern er sollte unser Gewissen sein, er sollte unser Spiegel sein, er sollte uns aufmerksam machen, wenn wir etwas übersehen.

So ist die Krankheit unser Freund. Sie macht uns aufmerksam, wenn wir im Bewusstsein abgelenkt waren und etwas übersehen haben, übersehen haben, dass wir einen Fehler gemacht haben. Dieser Freund macht uns schmerzhaft aufmerksam: „Du, kümmere dich darum, da ist etwas zu tun." So können wir dankbar sein, dass es diesen Freund gibt.

Noch etwas Provokatives muss ich sagen, nämlich die Erkenntnis: Alles ist gut, so wie es ist! Wenn wir einmal wirklich hinschauen, erkennen wir, dass alles, was uns im Leben passiert, uns helfen will, uns dienen will, uns auffordert, einen Entwicklungsschritt zu tun, unsere Aufgabe zu erfüllen, unseren Platz auszufüllen.

Alles, und besonders das Schmerzhafte, das Unangenehme, das Problematische, das, wovor wir am liebsten ausweichen möchten, das hilft uns am meisten. Die angenehmen Dinge sind eigentlich nur angenehm. Sie tun gut. Sie sind eine Erholung zwischendurch. Es muss auch sein, damit wir einmal wieder aufatmen können. Aber dann kommt das Schicksal mit einer neuen Lektion.

In der Bibel steht, Ihr sollt vollkommen sein, wie der Vater im Himmel vollkommen ist. Gäbe es nur dieses Leben von siebzig oder hundert Jahren, dann müsste ich Sie fragen: „Wo sind denn die Menschen, die am Ende des Lebens vollkommen sind?" Dann müssten alle erst dann sterben, wenn sie Vollkommenheit erlangt haben, oder Gott hat uns einen nicht erfüllbaren Auftrag gegeben. Gott hat uns hier einen Auftrag gegeben, der in siebzig oder hundert Jahren nicht zu erfüllen ist. Das kann nicht sein. Gott irrt sich nicht. Wenn Gott uns diesen Auftrag gibt, dann muss er uns auch die Möglichkeit geben, ihn zu erfüllen. Offensichtlich haben wir Zeit genug, das zu tun, nämlich eine Ewigkeit.

Und in der Bibel steht auch, wie man das macht, wie man vollkommen wird. Da steht nämlich: Suchet, so werdet Ihr finden; klopfet an und euch wird aufgetan; bittet und euch wird gegeben werden. Das heißt nichts anderes als: Setzt eine Ursache und Ihr werdet die entsprechende Wirkung erfahren. Ihr alle seid Schöpfer. Wir alle sind aufgerufen, Mitschöpfer zu sein. Wir gestalten diese Schöpfung. Die Schöpfung ist vollkommen, aber sie ist nicht vollständig. Sie geschieht ständig durch uns. Sorgen wir dafür, dass wir weise Schöpfer werden, dass wir das Richtige tun und dass wir zunächst einmal uns in Ordnung bringen.

Viele Menschen sagen: „Ja, aber ich habe das nicht gewusst. Ich erfahre es erst jetzt. Wenn ich es vor zwanzig Jahren erfahren hätte, dann hätte ich gar nicht so krank zu werden brauchen. Warum habe ich es nicht vorher gewusst? Es ist eine Ungerechtigkeit. Sie kommen so spät. Sie hätten früher kommen müssen."

Hier heißt es: Suchet, so werdet Ihr finden. Solange wir nicht suchen, können wir nicht finden. Und die Tatsache, dass Sie dieses Buch lesen, zeigt mir, dass Sie gesucht haben. Denn wenn Sie nicht gesucht hätten, hätten Sie nicht finden können. Sie haben also einen wichtigen Schritt getan. Sie haben angefangen zu suchen. Sie wollen etwas ändern. Sie sind bereit.

Jetzt kommt aber der wichtige Schritt, die unbequemen Konsequenzen auch anzunehmen, und der abschließende Schritt, das, was ich als richtig erkannt habe, auch zu tun. Denn das Wissen bewirkt noch gar nichts. Die Tatsache, dass ich weiß, ich brauche nur Harmonie in mir herzustellen und bleibe gesund, macht mich noch nicht gesund. Erst wenn ich die Harmonie auch herstelle, bleibe ich gesund, und wenn ich krank war, werde ich gesund. Erst das Tun verändert die Welt. Viele Menschen lassen es mit dem Wissen genug sein.

Erkennen wir: Wir können wirklich vollkommen werden. Es ist unser Auftrag. Und wir haben Zeit genug. Und der Weg ist auch klar. Der erste Schritt ist immer zu suchen. Suchet und ihr werdet finden, ist ein geistiges Gesetz. Das bedeutet, in dem Moment, wo ich anfange zu suchen, steht fest, dass ich finden werde, wenn ich nur lange genug suche. Ich kann mich darauf verlassen. Wenn ich mich allerdings nur einmal umsehe und sage: „Ich habe gesucht und nichts gefunden," dann habe ich nicht gesucht. Ich habe nur so getan, als würde ich suchen. Wenn die Suche mir ein Bedürfnis ist, werde ich finden. Ich kann mich darauf verlassen. Es ist ein geistiges Gesetz. Also fangen Sie an, weiter zu suchen. Und Sie werden weiter finden. Sie werden alles finden, was Sie brauchen. Sie brauchen nur zu suchen.

Und klopfet an, so wird euch aufgetan, ist auch die Aufforderung: Werdet aktiv, tut einmal etwas, dann geschieht auch etwas!

Und bittet und euch wird gegeben werden. Die meisten Menschen wissen nicht, was das heißt. Sie verstehen nicht mehr zu beten. Aber das wussten die Menschen damals auch nicht. Zu Jesus kamen auch Menschen und haben gesagt: „Herr, lehre uns beten." Sie haben nicht gesagt: „Herr, lehre uns ein paar neue Gebete." Gebete kannten sie genug. Sie kannten ganz viele Gebete, aber sie spürten, da fehlt etwas. Denn wenn sie diese Gebete wiederholten, passierte nichts.

Wie ist es mit Ihren Gebeten? Geschieht etwas Überzeugendes, wenn Sie beten? Wenn nein, warum beten Sie? Warum suchen Sie nicht? Denn wenn Sie beten und es geschieht nichts, haben Sie nicht gebetet. Jedes Gebet, ohne Ausnahme, trägt die Erfüllung bereits in sich. Wenn ich wirklich bete, habe ich im gleichen Moment Erfüllung empfangen.

Aber beten ist nicht Himmelsanbettelei, den lieben Gott überreden wollen: „Lieber Gott, bitte, bitte, bitte mach eine Ausnahme bei mir. Tue einmal das, was ich will." Das ist natürlich kein Gebet. Ein Gebet heißt, sich selbst, sein Innerstes vor Gott auszubreiten, zu sagen: „Siehe her, so ist es, und das brauche ich zur Erfüllung," und mich bedanken, dass ich es in dem Moment bekommen habe. Bei Lukas heißt es an einer Stelle: „Bittet und glaubt, dass Ihr empfangen habt, so wird es euch werden." Was bedeutet das? Bittet und glaubt, dass Ihr empfangen habt, dann wird es euch werden. Eine scheinbar sonderbare grammatikalische Konstruktion. In Wirklichkeit aber eine ganz präzise Beschreibung eines geistigen Gesetzes.

Bittet, d. h. betet wirklich, suchet, klopfet, tut, ändert euch, werdet eins mit dem einen Bewusstsein und in dieser Einheit äußert Eure Bitte, eine Situation, dann geschieht in dieser Sekunde Erfüllung. Glaubt, dass Ihr empfangen habt. In dem Moment, wo ich gebetet habe, habe ich geistig Erfüllung empfangen.

Es ist wie bei dem Bauern, der gesät hat. Jetzt braucht es nur noch zu wachsen. Es braucht nur noch in Erscheinung zu treten. Gut, das kann einige Zeit dauern, aber der Bauer braucht nichts mehr zu tun. Jetzt bringt die Natur das hervor, was er gesät hat, um was er gebetet hat. Das ist wahres Beten: Einswerden mit dem einen Bewusstsein, seine Situation schildern und danken, dass es geschehen ist.

Sehen die karmischen Gesetze nicht alles vor?

Was sind die karmischen Gesetze? Wer bestimmt, welches Karma ich habe? Schauen wir zuerst einmal hin: Was ist Karma? Karma kommt aus dem Sanskrit und bedeutet die Tat, das Geschaffene. Also die karmischen Gesetze bestimmen nicht, was mir geschehen soll. Die Gesetze bestimmen überhaupt nichts. Das Schicksal hat überhaupt keine Befugnis, über irgendjemand zu bestimmen. Das karmische Gesetz sagt nur eins: „Wenn du das tust, passiert das. Wenn du dieses tust, passiert dies, und wenn du jenes tust, passiert jenes. Du entscheidest, was du tust. Ich, karmisches Gesetz, muss dir gehorchen. Ich bin dein Diener. Ich bringe nur hervor, was du verursachst. Du bist der Schöpfer."

Ich bestimme mein Karma. Das Karma gehorcht.

Ich kann in der Vergangenheit einiges verursacht haben, das ich jetzt ertragen oder ausbaden muss.

Es gibt das Gesetz der Gnade, das besagt: Jedes Wesen kann in jeder Sekunde sein Schicksal neu bestimmen. Vergangenheit ist tot. Was interessiert mich mein Karma von gestern. Wenn ich heute mein Bewusstsein ändere, habe ich in dieser Sekunde mein Schicksal neu bestimmt. Das ist es, was wir in unserem Glauben mit tätiger Reue umschreiben. Das heißt nicht, dass wir auf die

Knie fallen und sagen: „Lieber Gott, es tut mir arg, arg Leid, dass ich so etwas Dummes gemacht habe." Das bewirkt überhaupt nichts. Reue heißt, ich ändere mich. Ich erkenne, was ich falsch gemacht habe, und ändere es. Und in dem Moment, wo ich es geändert habe, werde ich von dem karmischen Gesetz nicht mehr dafür bestraft, dass ich es gestern noch nicht wusste, dass ich es im vorigen Leben oder vor hundert Jahren oder vor zehn Jahren oder vorige Woche falsch gemacht habe. In dem Moment, wo ich jetzt mein Bewusstsein ändere, entspricht mein Schicksal meinem jetzigen Bewusstseinszustand.

Solch ein Gedankengang lässt sich doch bei kranken und behinderten Kindern nicht anwenden.

Wieso nicht?

Das kleine Kind ist doch nicht voll verantwortlich für sein Tun.

Wieso nicht?

Ich war der Meinung.

Es sieht auch so aus. Erkennen wir eins: In diesem kleinen Kind steckt eine genauso reife Seele wie in uns. Es hat sein Schicksal mitgebracht, und es nimmt sein Schicksal mit. Nehmen wir einmal ein einfaches naives Bild, an dem man es schneller erklären kann: Am Ende eines Wandertages kommen wir an einer Hütte an, nehmen unseren Rucksack ab und stellen ihn vor die Tür. Wir ruhen uns aus. Und wenn wir am nächsten Morgen weiterwandern, nehmen wir wieder unseren Rucksack auf den Rücken. Es ist noch genau das drin, was wir am Abend darin zurückgelassen haben. Wenn wir im Laufe des Tages unseren Rucksack umpacken, dann wird am Abend und am nächsten Morgen das drin sein, was jetzt neu gepackt ist.

So ungefähr ist es mit unserem karmischen Rucksack am Ende eines Lebens. Wir gehen nach Hause zurück, stellen diesen Rucksack, sagen wir einmal, an der Himmelstür ab. Und wenn wir wieder in einen neuen Schultag gehen – wir nennen es ein neues Leben, es ist kein neues Leben, es gibt nur „ein" Leben –, dann ziehen wir diesen Rucksack wieder an und finden genau den Charakter, das Schicksal darin vor, das wir zurückgelassen haben. Es haben keine Heinzelmännchen Steine hineingetan, etwas herausgenommen. Niemand hat den Rucksack umgepackt oder verändert. Der Rucksack ist genau noch so, wie wir ihn zurückgelassen haben.

Im Laufe des Lebens packen wir den Rucksack um, ändern unser Schicksal. Und so bestimmen wir heute schon nicht nur das Schicksal von diesem Augenblick, von morgen und vom nächsten Jahr, wir bestimmen genauso auch unser Schicksal für das so genannte nächste Leben. Wir bestimmen unser Schicksal! Gott hat uns schöpferische Kraft gegeben, und wir machen davon Gebrauch. Es ist dem Schicksal vollkommen egal, ob wir bewussten Gebrauch davon machen oder nicht, ob wir gedankenlos unseren Rucksack packen oder wohl überlegt. Was drin ist, ist drin. Und nur wir können es herausnehmen. Es ist niemand da, der sich darum kümmert. Und solange es drin ist, wirkt es. Und das nennen wir dann Karma. Aber ich kann in jeder Sekunde nach dem Gesetz der Gnade als der verlorene Sohn nach Hause zurückkehren, kann umkehren, kann erkennen, mein Schicksal neu bestimmen und mein Schicksal neu erleben.

Unsere Aufgabe ist es, immer bewusster zu werden und dieses geistige Erbe anzutreten, vom Instinkt über das Ego zum wahren Selbst zu finden und damit zu Gott.

Denn in Delphi stand schon über dem Tempel:

Mensch, erkenne dich selbst,
und im Inneren ging dieser Satz weiter:

dann erkennst du Gott!

Wenn wir unser wahres Selbst gefunden haben, haben wir Gott gefunden. Denn Jesus sagte: „Der Vater ist dir näher als dein Hemd, näher als dein Atem." Er ist unser wahres Selbst. In jedem von uns lebt ein Stück dieses höchsten Bewusstseins. Und wenn wir uns dieses wahre Selbst bewusst machen, dann leben wir selbstbewusst.

Das ist Selbst-Bewusstsein, nicht das, was wir bisher darunter verstehen, nämlich wenn jemand ein starkes Ego hat und sagt: „Ich schaffe es schon. Ich traue mir alles zu." Dann sagen wir: „Der ist aber selbstbewusst." Nein, er hat nur ein dickes Ego.

Selbstbewusst ist einer, der ruhig seinen Weg geht aus der Sicherheit der Vollkommenheit seines wahren Selbstes, der weiß, mit jedem Schritt trete ich mehr mein geistiges Erbe an, lasse ich mehr die Vollkommenheit meines wahren Selbstes durch mich wirken, mit jedem Schritt komme ich Gott näher.

Dann kann ich sicher meinen Weg gehen. Ganz gleich, wie mein Schicksal aussieht, ich gehe meinen Weg. Ich bin selbstbewusst. So sollten wir auch selbstbewusst werden. Denn in dem Maße, wie wir selbstbewusst werden, werden wir gesund, sind wir glücklich, leben wir in der Einheit mit dem höchsten Bewusstsein, leben wir in der Gegenwart Gottes.

Es ist dann praktisch ein Zeichen, dass man nicht selbstbewusst ist, wenn sich das Leben so zeigt, wie es ist.

Wenn sich das Leben so zeigt, wie es ist, lebe ich noch nicht selbstbewusst. In dem Moment, wo ich selbstbewusst lebe, lasse ich das Selbst durch mich wirken. Und in dem Moment, wo ich das wahre Selbst vollkommen durch mich wirken lasse, bin ich vollkommen. Und ich erkenne wieder eine Gnade, ein Geschenk: Vollkommenheit müssen wir nicht erst erwerben, erbeten, erarbeiten, eratmen, ermeditieren. Wir sind vollkommen. Unser wahres Selbst ist vollkommen. Wir brauchen nur zu lernen loszulassen, was nicht zu dieser Vollkommenheit gehört.

Das gerade ist so schwer.

Ich habe nicht gesagt, dass es leicht ist. Aber es ist der einzige Weg. Und es ist doch schön zu wissen, es ist alles schon da. Vollkommen werden heißt nur noch loslassen, loslassen, was nicht zu dieser Vollkommenheit gehört, was nicht zu meinem wahren Selbst gehört. Was ich angenommen habe, mein Ego, meine Erziehung, meine inneren Programme, meine Umwelteinflüsse, das alles sollte ich loslassen. In dem Moment werde ich immer selbstbewusster, immer vollkommener.

Ich glaube wirklich, vollkommen können wir nicht werden, dann wären wir ja Gott.

Eine provokative Gegenfrage: Glauben Sie, dass Gott etwas Schlechteres geschaffen hat als sich selbst?

Das glaube ich nicht.

Ich glaube es auch nicht. In dem Moment ist es auch unser geistiges Erbe, vollkommen zu sein. Jesus hat wörtlich gesagt: „Ihr sollt vollkommen sein, wie der Vater im Himmel vollkommen ist." Er hat nicht gesagt: „Ihr sollt danach streben und sehen, dass Ihr ihm ein bisschen nahe kommt." Er hat gesagt: „Ihr sollt es sein!"

Ich gehe davon aus, dass uns Gott diesen Auftrag gegeben hat. Ich gehe davon aus, wenn er uns diesen Auftrag gibt, dass er auch erfüllbar ist. Ich glaube, dass wir nichts wirklich erreichen können, was er uns nicht schon geschenkt hat. Wir brauchen es nur noch in Besitz zu nehmen, zu erfüllen, es nur anzunehmen, es zu verwirklichen.

Anfangs haben Sie gesagt, wenn jemand aus der Gruppe nicht unseres Sinnes sei, wäre es günstiger, er würde nicht mitmachen. Danach war von Krankheit die Rede, und dass es in unserer Hand liegt, gesund zu werden.

Wenn aber jetzt ein Mensch sehr sensibel ist und in einer Gruppe lebt, z.B. in einer Familie mit Großeltern und Kindern, die gar nichts von einem Seminar wissen möchten, woher hat dann dieser eine Mensch, der jetzt willens wäre, die Harmonie anzustreben, die Kraft? Natürlich kann er es, aber woher hat er die Kraft?

Wenn ich ununterbrochen in kaltem Wasser baden muss, dann ist es sehr schwer, eine Wirkung zu erzielen, die mir eigentlich ein warmes Wasser bringen sollte.

Sie haben absolut Recht. Es ist dann sehr schwer. Erkennen wir zunächst einmal: Das Grundgesetz der Schöpfung ist Harmonie. Auch unser Schicksal ist ein Maßanzug. Wir bekommen nur die Umstände, wir bekommen nur die Aufgaben, die wir lösen können. Wenn also dieser gedachte Mensch in dieser unfreundlichen, sehr ungünstigen Umgebung lebt, dann sagt das Schicksal damit nur: „Du, ich mache dir ein Kompliment. Du bist stark genug. Du bist bereit, auch unter diesen ungünstigen Umständen in dir die Kraft zu finden, du selbst zu sein und dich zu verwirklichen.

Du wirst also von mir gefördert dadurch, dass ich dich fordere, dass du härter gefordert wirst als andere, die es unter günstigen Umständen nur zu verwirklichen brauchen. Du hattest auch irgendwann diese günstigen Umstände. Du bist jetzt so stark, dass du es auch unter ungünstigen Umständen kannst, und du bist die Chance dieser Leute, deiner Familie. Sie sind noch nicht wach. Sie schlafen noch. Deine Aufgabe ist es, ihnen zu helfen durch dein Vorbild.“

Es gibt noch viele, die sozusagen noch schlafen. Sie werden nur alt und nicht reif. Dieser sensible Mensch gerät jetzt in einen Konflikt. Schafft er die Aufgabe?

Er schafft sie. Gott stellt uns nicht vor eine Aufgabe, die wir nicht schaffen können. Wenn dieser Mensch es nicht schafft, hat er seine Möglichkeiten nicht ausgeschöpft. Gott stellt uns nie vor eine unlösbare Aufgabe. Es wäre sinnlos. Der Mensch wird nur krank und stirbt: Das gibt es nicht. Warum nicht? Es würde das Grundgesetz der Harmonie verletzen.

Da steht ein Mensch vor einer Situation, der er nicht gewachsen ist. Ich habe immer wieder in langjähriger Praxis besonders mit potenziellen Selbstmördern gesprochen und habe ausgeleuchtet: Warum wollen sie sich umbringen? War es wirklich eine Situation, die aber doch immerhin so verzweifelt gewesen sein muss, dass sie ihr Leben hergeben? Es gehört ja Mut dazu, sich umzubringen. Sie wagten diesen Schritt, hatten es also schon einmal versucht, sind vielleicht wieder belebt worden und kommen dann zur Therapie. Wir haben uns die Situationen angeschaut. Ich habe in zwanzig Jahren Praxis noch keine Situation gefunden, wo ich sagen musste: „Das war nun wirklich nicht zu schaffen. Da bestand wohl keine Chance. Da kann ich verstehen, dass einer aufgibt.“ Das gibt es nicht, dass wir überfordert werden. Die Erkenntnis aus diesen zwanzig Jahren

Erfahrung ist: Wir können uns überfordert fühlen. Das kommt relativ häufig vor, dass wir irgendwann sagen: „Jetzt kann ich nicht mehr. Das schaffe ich nicht.“ Aber wenn wir wirklich hinschauen, erkennen wir, wir waren schon oft im Leben in solchen Situationen, wo wir gedacht haben: „Das schaffe ich nicht?“ und haben es doch geschafft. Wir werden nicht überfordert. Wir können uns darauf verlassen, dass wir nur vor eine Aufgabe gestellt werden, die wir auch lösen können.

Ich lebe in dieser Gewissheit. Auch wenn ich scheinbar vor einem Berg stehe und frage: „Wie soll das denn gehen? Nach der Logik kann das gar nicht sein.“ Wenn ich vor der Aufgabe stehe, weiß ich, habe ich die innere Gewissheit, dass es eine Lösung für mich gibt und dass ich diese Lösung herbeiführen kann.

Ich kann auch in einer Gruppe sagen: „Ich gehe weg. Ich lasse alles im Stich, dann kann mich keine Umwelt bedrängen.“ Es wäre eine Möglichkeit, die ich nicht richtig finde. In dieser Umwelt muss es der Mensch schaffen.

Ganz genau.

Es ist sehr schwer.

Es ist schwer, aber die Aufgabe dieses Empfindlichen ist es, seine Empfindlichkeit abzubauen, die Welt zu akzeptieren, wie sie ist, zu erkennen, die anderen Menschen haben das Recht, so zu sein, wie sie sind.

Nehmen wir für uns einmal die Vorstellung der Wahrheit auf: Jeder Mensch hat in jeder Sekunde das Recht so zu sein, wie er ist. Er hat das Recht, unhöflich zu sein, arrogant, unehrlich, aggressiv. Er kann sein, wie er will. Er hat das Recht, so zu sein, und er hat das

Recht, sich zu ändern, wenn er bereit ist. Es ist nicht meine Aufgabe, einen Menschen zu ändern. Ich möchte auch hier niemanden ändern. Ich möchte nur das, was für uns alle eine Aufgabe ist, dem anderen Chance sein. Das bedeutet, es ist unsere Aufgabe, dem Anderen die Hand hinzuhalten, aber nicht, den Ehrgeiz zu entwickeln, ihn zu bedrängen, dass er sie auch ergreift. Er kann entscheiden. Und im Grunde genommen: Was macht es denn, wenn andere Menschen anderer Meinung sind? Wenn ich diese Meinung respektiere, stört sie meine Entwicklung überhaupt nicht. Der andere kann darüber lachen, der kann mich verhöhnen, na und?

Ich meine nicht, wenn Sie anderer Meinung sind, sondern wenn Sie die anderen zwangsbeglücken wollen. Solche Menschen gibt es auch.

Wollen dürfen sie ja, nur können, können sie es nicht.

Nehmen wir nur ein einziges Beispiel: Niemand auf der Welt hat die Macht, Sie zu ärgern. Es gibt keinen. Sie können prüfen, was Sie wollen, es gibt keinen Menschen und keine Sache auf der Welt, die Sie ärgern können. Der Einzige, der Sie ärgern kann, sind Sie selbst. Und Sie entscheiden: „Jawohl, darüber ärgere ich mich jetzt“ oder „nein, ich respektiere es, es ist in Ordnung so.“ Es ist sehr ärgerlich, aber ich ärgere mich nicht.

Da hat jeder ein anderes Temperament.

Was ist denn Temperament? Temperament zeigt nur an, wie viel Energie da ist. Aber über dieser Energie sollte ein Bewusstsein sein, das diese Energie lenkt. Wenn Sie die Pferde durchgehen lassen, sagen wir: „Das Temperament ist gerade durchgegangen.“

Ich habe einen schönen Vergleichgehört: Manche Menschen sind eben wie ein kleines Gefäß, und manche sind wie ein größeres Gefäß.

Ein kleineres Gefäß fließt halt eher über, ist schneller außer sich, als ein größeres Gefäß. Ja gut, aber damit ist die Aufgabe klar. Dieses kleine Gefäß muss wachsen, damit es nicht mehr so schnell außer sich ist, muss suchen, muss klopfen, dann findet es, dann wird ihm aufgetan. D.h. wir müssen aktiv werden. Und dann sind wir wieder bei dem, was ich eingangs sagte: „Wir müssen uns ändern."

In dem Maße, wie wir uns ändern, ändert sich unser Leben, unsere Welt, unser Schicksal. Und das ist es, was ich Ihnen hier nahe bringen will. Dass Sie nicht mehr im Außen eine Änderung suchen, sondern dass Sie erkennen: Ich muss mich ändern, wenn ich außen etwas anderes haben will.

Meditation im Seminar:

Gehen wir wieder in eine Stille-Minute, um uns von Mal zu Mal ein bisschen besser auszurichten. Unser gerichtetes Bewusstsein entscheidet über Gesundheit, über Schicksal, über unser ganzes Leben. Sprechen wir also nicht nur darüber, sondern tun wir es auch. Der einfachste Schritt ist wieder über den Körper. Ich kontrolliere den Körper, indem ich keine Bewegung mehr zulasse. Ich schließe meine Augen, lasse die Außenwelt los und halte den Körper bewegungslos.

Ich denke daran, dass ein Wasserspiegel erst zur Ruhe kommen kann, wenn an keiner Stelle mehr eine Bewegung ist. So erlebe ich, wie sich die Atmosphäre klärt, wenn alle bewegungslos sind. Spüren Sie jetzt einmal die Klarheit dieser Atmosphäre, die geistige Stille. Wir lassen den Körper bewegungslos, aber ich konzentriere die Vielfalt meiner Gedanken auf einen Punkt. Der Körper bleibt bewegungslos. Und ich sehe einmal meine Gedanken wie eine Schafherde vor mir. Ein Schaf schlüpft ins andere. Es werden immer weniger. Zum Schluss schlüpft das Vorletzte ins Letzte. Es ist nur noch ein Schaf da. Dann löse ich dieses eine Schaf auch noch auf. Und ich bin bewegungslos und in der Gedankenstille.

Wieder spüre ich die Atmosphäre. Sie ist noch klarer. In dieser klaren Atmosphäre lasse ich jetzt mein Bewusstsein weit werden. Öffne mich einfach ganz weit und erfülle den ganzen Raum mit meinem Bewusstsein. Ich erfülle den ganzen Raum, und jeder Teilnehmer ist jetzt in mir, in meinem Bewusstsein. Ich nehme alles gleichzeitig wahr, spüre die Gedanken und Gefühle, bin überall gleichzeitig.

In dieses weite Bewusstsein lasse ich noch einmal SEINE Liebe fließen. Ich öffne mein Herz und spüre, wie SEINE Liebe durch mich fließt, hülle jeden Einzelnen in SEINE Liebe und lebe selbstbewusst in der Geborgenheit SEINER Liebe.

Und wieder spüre ich die Atmosphäre im Raum. Sie ist voller Liebe. Von nun an liegt es in meiner Hand, die Atmosphäre zu bestimmen, wohin ich auch komme, sie liebevoll werden zu lassen und selbst in dieser Liebe zu leben. Ich lebe von nun an in der Geborgenheit SEINER Liebe.

In dieser Erkenntnis kehre ich wieder zurück an die Oberfläche des Seins, bleibe aber in der Geborgenheit SEINER Liebe. Wann immer ich bereit bin, öffne ich wieder meine Augen und bin wieder ganz bewusst im Hier und Jetzt und lebe von nun an in der Geborgenheit SEINER Liebe.

~ ~ ~ ~ ~ ~ ~ ~ ~

Wenn Sie hingespürt haben, stellen Sie fest, dass es Ihnen immer besser gelingt. Die Atmosphäre wird klar. Es ist mehr Liebe da. Immer weniger juckt es an der Nase. Wenn es juckt, lassen Sie es doch jucken. Sie müssen nicht noch schnell kratzen. Üben Sie einmal die Disziplin, sich selbst zu beherrschen, und kratzen Sie nicht. Die Füße stehen von vornherein bequem. Es wird immer leichter, einmal drei Minuten den Körper wirklich bewegungslos zu lassen.

Das ist ein ganz wichtiger Schritt, der allererste, ganz unten. Wenn der nicht gründlich getan wird, werden die oberen auch nicht gründlich getan. Es ist wie bei einem Hausbau. Wenn ich mein Haus errichte und mache das Fundament nicht gründlich, dann wird der obere Teil auch nicht vernünftig. Ich muss von Anfang an die einfachsten Schritte perfekt tun. Ich muss lernen, nicht zuzulassen, etwas Unvollkommenes zu tun. Wir fangen wirklich mit ganz, ganz einfachen Schritten an. Aber diese einfachen Schritte müssen über einen kurzen Zeitraum perfekt getan werden können. Wir müssen uns selbst Vollkommenheit in der einfachsten Weise vorführen. So lernen wir aufbauend immer vollkommener zu werden.

Wenn wir schon gleich beim ersten Schritt großzügig sagen: „Ist ja nicht so schlimm, wenn ich einmal kratze“ oder „mit dem Bein ist es anders bequemer, ich mag diese eine Minute nicht warten," können wir den Rest auch vergessen, wird es genauso weitergehen.

Versuchen wir also, von Mal zu Mal strenger mit uns zu sein, disziplinierter, gerichteter. So wie wir den Körper ausrichten, so richten wir unser Bewusstsein aus; und so wie wir unser Bewusstsein gerichtet haben, erfüllen wir es mit einem Inhalt, den wir bestimmen. Wenn wir im gerichteten Körper und Bewusstsein sind, mit einem bestimmten Inhalt, lassen wir Liebe geschehen und sind selbst die Beschenkten, leben selbst in dieser Liebe. Das ist das Geheimnis, das keines mehr ist, dass Sie bestimmen, wie die Atmosphäre ist, wohin Sie kommen.

Wenn ein Mensch sich in einer unfreundlichen Umgebung ausrichtet und in dieser Umgebung immer wieder sein Bewusstsein klärt und dieses gerichtete Bewusstsein hält, erfüllt er den Raum mit einer bestimmten Schwingung. Nach dem Gesetz der Resonanz müssen sich alle anderen anpassen. Wenn er beharrlich diese Schwingung hält, werden sich die Schwingungen der anderen angleichen, und viele Probleme tauchen gar nicht erst auf, die er sonst hätte.

Ein weiteres Geheimnis ist nämlich: Die Ebene, auf der ich den anderen anspreche, antwortet. Spreche ich den Verstand an im anderen, wird der Verstand antworten. Spreche ich sein Gemüt an, sein Gefühl, wird der andere gefühlsmäßig antworten. Spreche ich aber Gott in ihm an, wird Gott antworten.

Es liegt in meiner Hand, auf welcher Ebene ich den anderen anspreche. Auf der Ebene kommt die Antwort. Halten wir fest: Wer dauernd Unüberhörbares überhört und Unübersehbares übersieht, der darf sich nicht wundern, wenn ihm eines Tages Hören und Sehen vergeht. Das Schicksal ist der beste Therapeut. Es heilt jeden, so oder so. Und es gibt nur die Alternative: Entweder wir lernen auf dem königlichen Weg durch Erkenntnis oder auf dem üblichen Weg durch Krankheit und Leid. Gelernt wird auf jeden Fall.

Und noch etwas: Das Schicksal ist auch der geduldigste Therapeut. Jede Lektion wird so lange geduldig wiederholt, bis sie begriffen ist, bis die Konsequenzen gezogen sind. Sie können zehnmal, zwanzigmal, dreißigmal in die gleiche Schwierigkeit kommen. Das Schicksal wiederholt die Lektion so lange, bis Sie gelernt haben, was zu tun ist. Und dann passiert ein Wunder. Irgendwann haben Sie es gelernt und sagen: „Wenn das jetzt wieder passiert – es ist mir nun oft genug geschehen – dann verhalte ich mich anders. Dann ziehe ich gleich die Konsequenz. Dann schiebe ich es gar nicht vor mir her. Dann verhalte ich mich gleich richtig."

Und dann warten Sie, dass sich die Lektion wiederholt, und warten und warten. Die Lektion kommt nie mehr wieder. Das Schicksal hat erkannt: „Aha, das hat er kapiert. Achtzehnmal hat es gedauert, war zwar lang genug. Gut, jetzt ist es begriffen." Das neunzehnte Mal kommt nie mehr.

Aber keine Angst. Es kommt eine andere Lektion, die wiederum so lange wiederholt wird, bis Sie sie begriffen haben, bis Sie die Konsequenzen ziehen. Denken Sie daran: Das Schicksal gewinnt sowieso. Das Leben ist stärker. Legen Sie sich nicht mit dem Leben an. Gestatten Sie dem Leben, so zu sein, wie es ist, und lernen Sie Ihre Lektion möglichst beim ersten Mal. Wenn Sie sie beim ersten Mal lernen, ist sie gestrichen. Sie ersparen sich alle Wiederholungen, die sonst notwendig wären. Sie sind frei davon und können schneller vorwärts gehen. So oft verwenden wir nämlich viel Energie und Kraft und Zeit und Mühe und Nerven darauf, die Sache halb zu tun, und dann geben wir doch auf und denken nicht daran, dass wir das Ganze noch einmal durchmachen müssen. Und wenn wir es dann wieder nur halb machen, müssen wir es noch einmal tun, bis wir es endlich begriffen haben und ganz durchgegangen sind. Also klären wir in uns:

- Was ist mein individueller Sinn des Lebens?
- Wofür bin ich hier?

Wenn Sie es noch nicht wissen, können Sie es ganz einfach feststellen. Fragen Sie sich:

- Welche Kräfte habe ich?
- Welche Fähigkeiten habe ich?
- Welche Möglichkeiten bietet mir das Leben?
- Auf welchem Platz stehe ich?
- Wie kann ich diesen Platz optimaler ausfüllen?
- Was kann ich loslassen, um leichter, besser durch das Leben zu gehen?

Das ist Ihre Aufgabe. Das ist der individuelle Sinn des Lebens. Sie brauchen nur in Ihren Rucksack zu schauen:

- Was habe ich denn mitgebracht?
- Was habe ich mir dabei gedacht?

Finde ich darin eine Badehose, Bademütze, dann will ich wahrscheinlich keine Hochgebirgstour machen.

Finde ich Kletterseil, Kletterschuhe, Lederhose und Anorak, dann will ich ins Gebirge.

Schauen Sie mit den Fragen Ihren Koffer an:

- Welche Fähigkeiten bringe ich mit?
- Welche Neigungen habe ich?
- Welche Motivation habe ich?
- Was macht mir Freude?
- Was würde ich gern tun?
- Welcher Beruf ist meine Berufung?

Stellen Sie sich einmal vor, Sie hätten ein unerschöpfliches Bankkonto. Der Staat würde Ihnen Vollmacht einräumen, und Sie könnten beliebig abheben. Es kontrolliert niemand. Sie könnten sich heute eine Million holen und morgen zwei. Sie könnten sich auch zehn oder hundert Millionen holen. Niemand interessiert sich dafür. Sie können so viel Geld holen, wie Sie wollen. Überlegen Sie einmal ernst, was Sie dann tun würden.

Ich kann Ihnen sagen, was passiert: Sie kommen zuerst einmal in einen Kaufrausch. Sie kaufen alles, was Sie immer schon haben wollten: ein Haus, einen Mercedes oder Rolls Royce, eine Jacht oder ein Wochenendhaus auf den Bahamas und im Hochgebirge. Auf einmal merken Sie, dass alles gepflegt werden muss. Das Auto muss zur Inspektion, alles muss sauber gehalten werden. Ich brauche Personal, das sich um alles kümmert. Oftmals machen Sie etwas falsch. Ein Handwerker muss her. Dann sagen Sie: „Den ganzen Ärger will ich gar nicht haben, ich möchte die Welt sehen", und schaffen es wieder ab.

Sie reisen überall einmal hin. Vielleicht sind Sie zwei oder drei Jahre beschäftigt. Wenn Sie dann überall waren, geht es Ihnen so wie dem Mann, der sagte: „Ich wollte mit meiner Frau eine Weltreise machen, aber sie wollte woanders hin." Sie waren überall, Sie hatten alles gesehen. Es reizte sie nicht mehr, noch irgendwo hinzufahren.

Sie hatten immer noch genügend Geld und schafften alles wieder ab, was unnötig ist, weil sie es sich leicht kaufen konnten. Auf einmal stellen sie fest: Moment, das, was ich jetzt noch behalten habe, das hätte ich mir auch vorher leisten können. Da brauchte ich all das Geld gar nicht für das, was ich wirklich brauche. Und das ist die erste Erkenntnis.

Und die zweite Erkenntnis ist die, dass Sie sich überlegen müssen: „Was mache ich denn jetzt den ganzen Tag? Ich muss nicht mehr arbeiten. Der Tag hat immer noch vierundzwanzig Stunden. Was macht mir eigentlich Spaß?" Jetzt probieren Sie es aus, und das, was Sie dann herausfinden – was Sie auch tun würden, wenn Sie nichts dafür bekommen – das sollte Ihr jetziger Beruf sein. Sie sollten also jetzt den Mut haben, diesen Beruf zu ergreifen, der Ihnen so viel Freude macht, dass Sie ihn auch umsonst tun würden. Denn das Leben sollte Spaß machen.

Wir sollten eins niemals tun, für Geld arbeiten. Das Geld sollte uns nie veranlassen, irgendetwas Ungeliebtes zu tun, nur weil ich Geld brauche. Sie verdienen nämlich viel mehr Geld mit etwas, was Ihnen Freude macht, weil Sie das gut tun, weil Sie das gern tun, weil Sie das besser tun. Und was man besser tut als andere, das wird besser bezahlt. Also finden Sie heraus, was Ihre Berufung ist, was Ihnen so viel Freude machen würde, dass Sie es freiwillig den ganzen Tag, Jahr für Jahr tun wollen. Irgendetwas muss man tun. Und das machen Sie zu Ihrem Beruf. Haben Sie jetzt den Mut, diesen Beruf zu ergreifen. D. h. Sie erlernen ihn neben Ihrem jetzigen Beruf.

Wir machen z. B. die Ausbildung zum Lebensberater. Jedes Mal freue ich mich, wenn Menschen den Mut haben, das in einem Alter zu tun, wo andere schon gar nichts mehr tun. Die älteste Teilnehmerin ist heute 84 Jahre alt. Sie war sich nicht zu alt, um einen neuen Beruf zu ergreifen. Damals war sie 82 Jahre alt und fragte: „Ich bin doch nicht zu alt, oder?" Worauf ich antwortete: „Nein, Sie sind nicht zu alt."

In einer Ferienakademie ist sie inzwischen übertroffen worden. Auf Mallorca war auch eine Neunzigjährige dabei.

Erkennen Sie, es ist nie zu spät. Wenn Sie erkannt haben, das wäre wichtig, und wissen, in vierzehn Tagen sterben Sie, dann tun Sie in diesen vierzehn Tagen noch das, was Sie tun sollten.

Ich erinnere mich an einen Mann, der mich sehr beeindruckt hat. Er hatte Dickdarmkrebs und sollte operiert werden. Die Ärzte haben ihn aufgemacht und gesehen, dass der Körper voller Metastasen ist.

Sie konnten ihn nicht operieren und haben ihn wieder zugemacht. Den Mann haben Sie aber in dem Glauben gelassen, er sei operiert. Die Ärzte haben es nur seiner Frau gesagt. Seine Frau hat das Vernünftigste getan, was man tun kann. Sie hat es ihm gesagt. Denn jeder Mensch hat ein Recht auf die Wahrheit. Niemand darf entmündigt werden. Es hat den Mann wie ein Keulenschlag getroffen. Es hat ihn umgehauen, weil er glaubte, operiert und gesund zu sein.

Dann kam er zu mir in die Praxis und sagte: „Ich habe vielleicht noch zwei oder drei Wochen zu leben. Ich bin jetzt froh, dass meine Frau es mir gesagt hat und möchte diese letzten Tage noch nutzen. Ich glaube an ein späteres Leben. Was kann ich tun? Wie kann ich mich auf ein späteres Leben in dieser kurzen Zeit vorbereiten?"

Ich habe ihm gesagt: „Die beste Vorbereitung auf ein nächstes Leben ist, dieses Leben richtig zu leben. Leben Sie jeden Tag. Tun Sie das, was Ihnen Freude macht. Erfüllen Sie sich. Und denken Sie daran, dass Sie die Welt ein bisschen besser zurücklassen, als Sie sie vorgefunden haben. Denken Sie daran, dass wir eine Verpflichtung der Gemeinschaft gegenüber haben." Worauf er fragte: „Was kann ich in meinem Zustand ...?"

Ich erwiderte ihm: „Sie können auch in Ihrem Zustand sehr viel tun, nämlich Psychohygiene betreiben. Die Innenweltverschmutzung beenden, zuerst Ihre eigene, denn der Dickdarm ist deswegen krank, weil Sie nicht loslassen können, weil Sie sich noch immer mit der Vergangenheit herumschleppen, obwohl sie tot ist und vorbei. Also lassen Sie sie zuerst einmal los, damit Sie sie nicht mit in das nächste Leben hineinschleppen, werden Sie sie jetzt los. Und wenn Sie etwas für die Gemeinschaft tun wollen, dann denken Sie positiv. Klären Sie den Raum, in dem Sie sind, und alle anderen leben in dieser geklärten Atmosphäre. Lassen Sie Liebe in den Raum fließen." Und er machte es stundenlang. Er hatte ja nichts zu tun.

Ich habe ihn ein halbes Jahr später wieder gesehen, als er braun gebrannt aus dem Urlaub kam, längst geheilt. Er hatte keinen Krebs mehr. Er war nicht operiert. Er ist nicht gestorben. Er hat sich gesund gedacht. Er hat die Vergangenheit losgelassen. Jetzt unter dem Druck: „Ich habe sowieso nur noch zwei, drei Wochen zu leben, dann ist es egal, dann will ich wenigstens noch ...“ Er hat seinen Rucksack umgepackt, und das Schicksal hat es sofort honoriert. Er ist nicht gestorben. Er lebt noch. Er ist gesund. Es ist inzwischen ein paar Jahre her.

Er hat sein Bewusstsein geändert, und der Körper hat die Konsequenz gezogen. Sein Immunsystem erstarkte, er konnte selbst wieder die Krankheit in den Griff nehmen und war gesund.

Und das sollten wir alle tun. Deswegen machen wir diese Stille-Minute in der Hoffnung, dass sie so ganz allmählich zur Gewohnheit wird, damit Sie jede Stunde einmal auf die Idee kommen, Ihr Bewusstsein wieder in einer Minute auszurichten, sich zu fragen:

- Bin ich denn noch klar im Bewusstsein?
- Lasse ich noch Liebe fließen?
- Oder bin ich schon wieder in der Hektik des Tuns?
- Ist die Situation schon wieder über mir zusammengeschlagen?

Also ziehe ich mich wieder heraus, richte mein Bewusstsein wieder aus, lasse es weit werden, lasse Liebe fließen und lebe selbst in dieser liebevollen Atmosphäre. Eine Minute pro Stunde! Und Sie werden viele Probleme, die Sie sonst hätten, erst gar nicht verursachen, weil Sie aus dem gerichteten Bewusstsein viel richtiger handeln, weil Sie für Aufgaben schneller Lösungen finden, weil das Leben mehr Freude macht, und weil Sie gesünder bleiben. Sie beschenken sich so reich, wenn Sie das tun. Es ist eine der besten Investitionen Ihres Lebens, kostet nichts. Alles, was Sie brauchen, haben Sie immer bei sich. Sie brauchen es nur zu tun.

Und denken Sie daran, dass Sie anderen zwar die Wahrheit sagen, aber dass Sie sich vorher in die Schwingung der Liebe bringen und klären: Ist die Wahrheit in dieser Form hilfreich? Ein Weiser hat einmal gesagt:

Alles, was du sagst, sollte wahr sein,
aber nicht alles, was wahr ist, solltest du sagen.

Wir sollten nie lügen. Wir sollten immer ehrlich sein. Aber wir sollten dafür sorgen, dass wir der Wahrheit eine Form geben, dass sie wirklich hilfreich für den anderen ist. Jedes unserer Worte sollte ein Geschenk für den anderen sein. Wir sollten Worte nur noch zu drei Zwecken gebrauchen:

- Zum Heilen,
- zum Helfen,
- zum Segnen.

Alle anderen Worte können Sie streichen, können ungesagt bleiben. Wieviel heilende Stille wird dann in der Welt sein, wenn wir das tun? Ich frage immer ganz provokativ, wenn mir einer etwas sagt:

- Warum sagst du mir das?
- Warum muss ich das wissen?
- Ist dein Wort ein Geschenk für mich, dann lasse es mich erkennen.
- Wenn es kein Geschenk ist, lasse es ungesagt.

Es ist wunderschön, wenn wir in diesem Bewusstsein sprechen, wenn wirklich jedes Wort für den anderen ein Geschenk ist. Sonst sollten wir besser schweigen.

Aber wir sollten auch den Mut haben, Dinge, die gesagt werden müssen, weil sie hilfreich sind, zu sagen. Voltaire hat es wieder in ein Bild gebracht, das mir gefällt. Er hat gesagt:

Wer ein Omelett machen will, muss den Mut haben, Eier zu zerschlagen.

Für eine größere Sache muss man mitunter kleinere Dinge auflösen. Erkennen wir, dass unsere ganzen Lebensumstände ein Spiegelbild unseres Seins sind. In dem Moment, wo ich mein Bewusstsein verändere, ändere ich mein Sein, mein Gesundsein, mein Gestimmtsein. Das Verhalten anderer ändere ich sogar mit meinen Gedanken. Sie können es ganz einfach ausprobieren: Denken Sie doch einmal eine Woche positiv, und Ihre ganze Umwelt verändert sich. Die Menschen verhalten sich anders. Sie wissen gar nichts davon, dass Sie positiv denken, und doch verhalten sich die Menschen anders zu Ihnen. Sie erkennen, die Umwelt ist wirklich ein Spiegelbild meines Seins. Wir haben es in der Hand. Wenn ich mich ändere, ändert sich meine ganze Welt, ändert sich alles, was mit mir zusammenhängt.

Und noch etwas sollten wir erkennen: Jedes Problem ist eine Aufgabe, die das Leben mir stellt. Ich sollte nicht ausweichen. Das Problem ist nämlich eigentlich ein Geschenk. Das Problem ist für mich da. Deswegen heißt es Problem, sonst hieße es ja Kontrablem. Es ist also etwas, was mir helfen will. Jedes Problem ist ein Geschenk des Lebens an mich. Das Geschenk ist nämlich die Erkenntnis, die am Ende steht. Das Problem ist die Aufgabe, die es zu bewältigen gilt, damit ich die Erkenntnis bekomme. Wenn wir Probleme als Geschenke des Lebens ansehen, dann sind wir auch bereit, uns den Problemen zu stellen, die Aufgaben anzunehmen. Dann erkennen wir vielleicht auch, dass der günstigste Augenblick, eine Aufgabe zu lösen, dann ist, wenn sie sich mir stellt. Das bedeutet, den Augenblick erfüllen. D.h. durch das Leben gehen und nicht mehr fragen:

- Was will *ich* vom Leben?

sondern:

- Was will *das Leben* von mir, jetzt?
- Was kann ich jetzt tun?

Das bedeutet, in Harmonie mit dem Leben zu sein, heißt, den Augenblick zu erfüllen, das tun, was das Leben jetzt will. Wenn ich das wirklich tue, bin ich gesund, bin ich glücklich, lebe ich in der Fülle. In der Fülle leben heißt nämlich: Alles, was ich zum vollen Ausdruck meines Lebens brauche, bekomme ich immer dann, wenn ich es brauche. Das Leben gibt mir alles, was ich brauche, wenn ich dem Leben alles gebe, was es will.

Aber wir wollen immer dem Leben vorschreiben, wie es zu sein hat. Wir wollen den Menschen vorschreiben, wie sie sich verhalten sollen, was sie tun sollen. Wir wollen die Umstände so haben, wie wir sie gern hätten. Wir versuchen dauernd, dem Leben zu sagen, wie es zu sein hat. Das Leben denkt aber gar nicht daran, so zu sein. Das Leben ist einfach.

Wenn wir aufhören, dem Leben Vorschriften zu machen, und uns in die Harmonie mit dem Leben bringen, schenkt uns das Leben auf einmal alles das, was wir vorher vergeblich angestrebt haben, Gesundheit, Erfolg, Glück. Alles das bekommen wir als Nebenwirkung der Harmonie mit dem Leben. Das Einzige, was wir also wirklich anzustreben brauchen, ist, in Harmonie mit dem Leben zu leben, hinzuschauen:

- Was ist jetzt zu tun?
- Was will das Leben jetzt von mir?
- Loslassen, damit es nicht weh tut, wenn etwas zurückgenommen wird.

In der Erkenntnis leben: Alles, was ich habe, ist ein Geschenk des Lebens, eine Leihgabe. Ich muss es eines Tages zurückgeben. Und das sollte ich tun.

Ich sollte auch erkennen, dass alles, was ist, eine gedachte Tatsache ist. Alles, was Sie sehen können, was Sie wahrnehmen, ist gedacht worden: dieses Haus, Ihr Kleid, Ihre Brille, Ihre Uhr, Ihre Schuhe, das Mikrofon. Alles ist gedacht, durch Gedanken geformte Materie. Einer hat es gedacht.

Und so gestalten wir diese Schöpfung mit unseren Gedanken, in erster Linie durch Veränderung unseres Bewusstseins. Unser Denken verändert unser Bewusstsein, und dieses veränderte Bewusstsein teilt sich in Null Zeit jeder Zelle des Körpers mit. Es geschieht sofort. Wir können es sofort sichtbar machen.

Praxistest im Seminar:

Ich bedanke mich für das Vertrauen. Sie kommen nach vorn, obwohl Sie gar nicht wissen, was ich vorhabe. Ich verspreche Ihnen, es ist nicht unangenehm. Stellen Sie sich bitte frontal zur Gruppe hin, und halten Sie einen Arm waagerecht zur Seite. Ich versuche den Arm herunterzudrücken, und Sie versuchen, ihn hochzuhalten.

Halten!

Sie sind recht stark. Das war der Grundtest.

Jetzt denken Sie bitte einmal an ein Problem. Sie brauchen es nicht zu schildern. Wenn Sie es richtig im Bewusstsein haben, heben Sie wieder Ihren Arm hoch.

Halten!

Jetzt können Sie den Arm nicht mehr oben halten. Sie können ihn nicht oben halten, obwohl ich nicht fester gedrückt habe. Zwei Drittel Ihrer Energie sind jetzt weg. Dadurch, dass Sie an ein Problem gedacht haben, haben Sie Ihr Bewusstsein mit einem Problem erfüllt. An jede einzelne Zelle geht sofort die Information: Problem, Problem, Problem.

Das schwächt so sehr, dass zwei Drittel Ihrer Energie weg sind. D.h. ein einziger negativer Gedanke reicht, um Ihren Körper zu schwächen. Sie laufen jetzt auf einem Drittel der Energie, die Sie sonst hätten.

Jetzt machen wir die Gegenprobe. Denken Sie bitte an die gleiche Situation, stellen Sie sich aber diesmal eine Lösung vor. Wie könnte sich das Problem idealerweise lösen? Wie löst sich das Problem auf? Sie freuen sich, dass es so gut gegangen ist.

Wenn Sie die Lösung im Bewusstsein haben, halten Sie Ihren Arm noch einmal hoch

Halten!

Danke sehr! Sie sehen, Sie haben Ihre Kraft zurückgeholt.

Ich werde Ihnen auf diese einfache Art und Weise noch sehr viel mehr zeigen können. Aber es ist ganz wichtig, dass wir uns das, was jetzt geschehen ist, ins Bewusstsein nehmen.

Ein einziger Gedanke nimmt sofort zwei Drittel meiner Kraft weg, wenn er negativ ist. Und ich kann an die gleiche Situation denken, die mich gerade noch geschwächt hat; sie schwächt mich nicht nur nicht mehr, sie stärkt mich sogar, wenn ich positiv darüber denke, wenn ich an eine Lösung denke. Ich denke an die gleiche Sache, an die gleiche Aufgabe, aber daran, wie ich sie löse, und schon stärkt es mich.

Wenn ich wegen einer Situation in einer traurigen Stimmung bin, jetzt aber an die Lösung denke, bin ich wieder voll in meiner Kraft.

Natürlich, sofort!

Ich darf also nicht die Traurigkeit verdrängen.

Sie sollten nie etwas verdrängen, auch keinen Gedanken. Einen negativen Gedanken sollten wir umdenken in die Lösung. Wir sollten auch kein Gefühl verdrängen. Wir sollten hineingehen und fragen:

- Was will es mir sagen?
- Wo führt es hin?
- Was kann ich daraus lernen?
- Wie bringt mich das weiter?
- Wie bereichert es mein Leben?
- Worüber bin ich traurig?
- Welche Aufforderung beinhaltet es?
- Was ist zu tun?
- Wozu fordert mich die Traurigkeit auf?
- Wie kann ich es tun?
- Wie kann ich es besser tun?

Und schon kann ich testen und bleibe stark.

Keine Gedanken oder Gefühle verdrängen, sondern umwandeln, in Richtung Lösung lenken.

Erkennen wir: Jeder Gedanke, auch ein negativer, jedes Gefühl ist eine starke Energie, ist ein Energiepotenzial, das mir zur Verfügung steht. Ich brauche es nur mit dem Bewusstsein in die richtige Richtung zu lenken, und ich habe eine Kraft, die mich vorwärts bringt, wenn ich sie richtig nutze.

Das Gefühl kommt mit dem Verstand oft in Konflikt.

Der Verstand weiß haargenau, was er zu tun hat, doch das Gefühl sagt, ich kann nicht.

Ich kann nicht, heißt immer: Ich will nicht.

Da ist der Verstand, der sagt: „Logisch, richtig wäre das." Und das Gemüt sagt: „Nein, nicht schon wieder; nicht mit mir. Ich habe keine Lust."

Nein, ich meine ein echtes herzliches Gefühl für einen Menschen. Man glaubt, man könnte ihm vielleicht helfen. Er hat sehr negative Einstellungen und vertritt sie sehr stark. Das Gefühl für diesen Menschen ist da. Der Verstand sagt: „Wenn ich jetzt hier eine bestimmte Antwort gebe, dann funktioniert es, dann komme ich durch." Aber ich bessere die Situation nicht. Ich kann nichts ändern. Hier habe ich eine Situation, wo der Verstand mit dem Gefühl in Konflikt kommt.

Haben Sie sich gerade zugehört? Sie haben doch die Antwort gesagt. Sie haben erkannt: Dieser Weg ist nicht hilfreich.

Das Erkennen nützt eben nichts, wenn man den Verstand nicht durchzieht, sondern das Gefühl.

Richtig! Jetzt muss ich mich entscheiden: Folge ich meinem Verstand, oder folge ich dem Gefühl. Also habe ich den Verstand, um zu prüfen, wo führt es hin, wenn ich dem Gefühl folge?

Aber man kann etwas entweder mit Herzensweisheit oder mit Logik tun.

Das hatte jetzt mit Logik zu tun.

Sollte man Logik anstreben oder Herzensweisheiten?

Mit Sicherheit ist die Herzensweisheit höherrangig als die Logik. Aber ich kann den Verstand dort einsetzen, wo er hilfreich ist. Ich kann ihn durchaus wie einen Freund fragen. Die meisten Menschen machen nur einen Fehler: Sie machen den Verstand zum Herrn. Und das ist mit Sicherheit falsch. Das ist eine Rolle, die kann man nicht spielen.

Aber wenn ich ihn zum Sachbearbeiter und Freund mache, der mir auf seiner Ebene durchaus hilfreiche Ratschläge geben kann, dann kann ich als Bewusstsein darüber stehen und kann sagen: „Verstand, was sagst du zu der Situation? Gefühl, was meinst du? Unterbewusstsein, magst du auch noch etwas sagen? Ego, willst du noch deine Meinung sagen? Ist noch einer da, der etwas sagen will? Also gut, ich, Bewusstsein, habe jetzt alle gehört und kann jetzt richtig entscheiden.“ Und dann tue ich das, was getan werden muss.

Ich stelle mir vor, wenn ich es nicht weiß: Ich bin Gott, Jesus, Buddha oder ein Weiser, ein Vorbild, ein Vollkommener. Was würde Gott jetzt in meiner Situation tun mit diesen Erkenntnissen, mit diesen Menschen, die er liebt? Würde er jetzt seinem Gefühl oder seinem Verstand folgen? Was würde er tun? Wie würde er sich in der Situation verhalten?

Wann immer Sie sich das fragen, fällt Ihnen ein, was Gott tun würde. Dann können Sie sich überlegen, ob Sie bereit sind, es auch zu tun.

Wie würde sich Gott in meinem Beispiel verhalten?

Gott entscheidet sich überhaupt nicht, und wir sollten uns auch nie entscheiden. Er würde wahrnehmen, was jetzt zu tun ist. Und das sollten wir auch tun. Ich zeige Ihnen noch einen Weg, wie Sie mit Ihrer Intuition mit dem Höchsten im All-Bewusstsein in Kontakt treten, das der eigentliche Ratgeber sein sollte, und wie Sie aus diesem höchsten Bewusstsein heraus sich nicht entscheiden. Sie brauchen sich nicht zu entscheiden, denn es gibt nur eins, was richtig ist. Sie nehmen nur wahr und erkennen: „Aha, das ist jetzt zu tun.“ Und Sie tun es, ganz gleich, ob der andere hurra oder pfui schreit, ganz gleich, ob er Sie beschimpft: „Du bist undankbar, du bist lieblos.“ Wenn Sie erkennen: Das ist das Einzige, was jetzt hilft, dann muss es getan werden.

Es ist wie beim Zahnarzt. Es kann sein, dass es weh tut. Es ist unangenehm, aber das Einzige, was jetzt hilft. Es ist notwendig, um die Not zu wenden. Sie gehen in Kontakt mit dem höchsten Bewusstsein. Sie erkennen, was richtig ist, und Sie handeln danach. Das wäre zu tun, ganz gleich, ob andere sagen: „Das ist schlecht“ oder: „Das ist gut.“ Das hat Sie nicht zu interessieren. Gut und schlecht ist Dualität. Sie aber wissen: Das ist richtig. Sie tun das eine Richtige. Sie sind nämlich dann, wenn Sie im höchsten Bewusstsein sind, zur Einsicht gekommen. Und aus dieser Einsicht heraus sollten wir handeln.

Zunächst sind wir aber noch bei der Basis und erkennen: Wir müssen unser Bewusstsein ausrichten, weil wir aus diesem gerichteten Bewusstsein heraus viele Probleme gar nicht erst schaffen, die wir hinterher mit großem Aufwand an Zeit, Kraft und Nerven wieder in Ordnung bringen müssten. Zunächst einmal kommt es darauf an, so viel wie möglich richtig zu machen. Das können wir nicht mit dem Verstand. Dazu brauchen wir eine höhere Instanz. Aber selbst wenn wir das tun, kann es sein, dass wir Misserfolg erleben.

Wir werden sogar erkennen: Wir haben mehr Misserfolg als früher. Warum? Der Erfolglose hat immer nur einen Misserfolg. Er probiert etwas. Es klappt nicht. Er lässt es sein. Es hat ja nicht funktioniert.

Der Erfolgreiche sagt: „Aha, so geht es also nicht.“ Er weiß, dass es gehen muss. Also sucht er einen anderen Weg. Er bezieht jetzt diese Erfahrung mit ein, sucht jetzt den optimalen Weg und versucht es ein zweites Mal. Oft geht es auch dann nicht. Er hat wieder einen Misserfolg und sagt: „So geht es also auch nicht." Er engt so die Möglichkeiten immer weiter ein, bis er die Lösung gefunden hat. Er hat nur eine andere Geisteshaltung. Für ihn ist ein Misserfolg nichts anderes als ein Zwischenergebnis auf dem Weg zum eigentlichen Erfolg. Er kennt nur Erfolg.

Ich habe von meinem Vater mit 15 Jahren seinen Rat als Erbe bekommen: „Junge, was immer du anfängst im Leben, führe es erfolgreich zu Ende." Darauf habe ich geantwortet: „Das geht ja nun nicht. Es wäre schön, wenn es möglich wäre. Oft lassen es die Umstände einfach nicht zu." Er hat mir weiter gesagt: „Ich habe es in meinem Leben nicht erlebt, dass ich etwas, was ich mit dem Willen zum Erfolg begonnen habe, nicht auch erfolgreich zu Ende führen konnte. Ich habe es viele Jahrzehnte ausprobiert und weiß, es geht."

Ich habe es mir zur Gewohnheit gemacht, alles, was ich anfange, erfolgreich zu beenden. Mögen noch so viele Misserfolge auf dem Weg dorthin stehen. Das sind für mich nur Informationen, dass das noch nicht die optimale Lösung ist. Es muss also einen anderen Weg geben. Eines Tages habe ich den Weg gefunden und kann die Sache mit dem einzig möglichen Ergebnis abschließen, mit Erfolg.

Wenn Sie nur das aus diesem Thema herausholen können, ist es eine gute Investition. Es geht wirklich. Wir sollten alles, was wir beginnen, erfolgreich beenden. Wir brauchen dazu nur eine Tugend: Die Beharrlichkeit, etwas solange fortzusetzen, bis es erfolgreich abgeschlossen ist, egal was es ist. Und dies hat noch einen Vorteil: Sie werden sehr viel weniger beginnen, weil Sie wissen: Wenn ich angefangen habe, wird es durchgezogen, gibt es nur den Erfolg. Sie werden sich gründlich überlegen: „Will ich das auch wirklich mit dem entsprechenden Aufwand an Zeit, Geld, Nerven, Kraft und

Konzentration?“ Wenn Sie sagen: „Ja, doch, das ist mir wichtig. Das will ich wirklich“, dann werden Sie erkennen: Sie werden es tun, und Sie werden erfolgreich sein.

Seminarsituation:

Wir haben schon über die Haltung gesprochen. Lassen Sie mich es jetzt fortsetzen. Ihre Haltung hat sich sehr verbessert. Die Atmosphäre hat sich durch die zwei Stille-Minuten in einer Weise verbessert, dass, wenn Sie die Schwingungen, die Energie wahrnehmen können, Sie spüren: Wir sind jetzt miteinander in einer ganz anderen Atmosphäre als vorher.

Jetzt sollten wir versuchen, es noch ein bisschen zu verbessern. Wir sind dabei, immer einen Schritt weiterzugehen. Die erste Haltung dürfte jetzt vorbei sein, dass jemand sagt: „So, ich habe bezahlt; nun entwickeln Sie mich einmal.“ Sie wissen, das ist nicht hilfreich.

Aber vielleicht ist da noch eine andere Haltung, die vielleicht viel schlimmer ist, nämlich die kritische Haltung: „So einfach kann es ja nicht sein. Da muss irgendwo ein Haken stecken. Ich schaue einmal hin und werde ihn schon finden. Irgendwo ist bestimmt ein Mangel.“ Damit richten Sie Ihr Bewusstsein auf den Mangel. Und ich verspreche Ihnen, Sie werden ihn finden. Irgendwo wird Mangel sein. Nichts ist vollkommen. Sie werden mit Sicherheit das 0,001 Prozent finden, wo es eventuell unter gewissen Umständen manchmal möglicherweise nicht klappt oder nicht gleich von Anfang an geht. Dann werden Sie sagen: „Aha, da ist es doch. Ich habe es gefunden. Also brauche ich es gar nicht erst zu probieren. Siehst du, es geht nicht.“ Und die 99,999 Prozent der Möglichkeiten, die in Ordnung sind, verschenken Sie so. Sie sind in eine Ego-Falle geraten. Das Ego sucht einen Weg, sich nicht ändern zu müssen. Es möchte gern so bleiben, wie es ist, weil es bequemer ist. Es liefert Ihnen auch ganz raffinierte Argumente dafür.

Wenn Sie in dieser Situation sind, gibt es nur eins: Lösen Sie ihr Bewusstsein vom Mangel, und richten Sie Ihr Bewusstsein auf die Fülle. Stellen Sie nicht mehr die Frage: „Unter welchen Umständen könnte es nicht klappen?“, sondern suchen Sie nach Möglichkeiten:

- Wie kann diese Situation, diese Information mein Leben bereichern?
- Was bedeutet es für mich?
- Welche Konsequenz ergibt sich daraus für mich?
- Wie kann ich mir dadurch das Leben angenehmer, schöner, reicher machen?

Wenn Sie Ihr Bewusstsein so auf die Fülle richten, werden Sie plötzlich die Fülle finden. Sie werden nämlich eine Fülle von Möglichkeiten und Chancen für Ihr Leben in dem finden, was hier gesagt wird. Werden Sie also zum Goldsucher.

Der Goldsucher weiß von vornherein auch: Er muss Unmengen an Gestein und Erde durchsieben, bis er das findet, was für ihn wichtig ist, was er sucht, ein Goldkorn. Aber er weiß genau, was er sucht, etwas, was ihm wichtig ist.

In einem Seminar hören alle die gleichen Worte. Viele lesen das gleiche Buch. Und doch erlebt jeder sein eigenes Seminar, jeder liest etwas anderes. Jeder hört und liest das, was für ihn wichtig ist, das, wonach er sucht, wo es innen drin Ja sagt, was für ihn ein Goldkorn ist. Jeder findet seine Goldkörner, wenn er danach sucht. Es ist die einzig mögliche Haltung. Werden Sie Goldsucher! Richten Sie Ihr Bewusstsein auf Möglichkeiten. Prüfen Sie jedes Wort, jeden Satz darauf:

- Bedeutet mir die Information etwas?
- Wie bringt mich das weiter?
- Wie bereichert es mein Leben?

Lassen Sie los, wo Sie das nicht finden. Sie werden genügend solcher Goldkörner finden. Das ist die richtige Haltung, um dieses Thema zu vertiefen. Dann ist Ihr Bewusstsein offen. Dann sind Sie bereit, die Chance anzunehmen, die das Leben Ihnen bietet.

Eines müssen Sie sich vor Augen halten: Der Grund, den Ihnen Ihr Verstand geliefert hat, um sich mit diesem Thema zu befassen, ist nicht der wahre Grund. Der Verstand hat irgendein Argument gefunden: „Tepperwein habe ich jetzt zwei Jahre nicht gelesen. Ich schaue einmal, was er zu sagen hat.“ Ich weiß nicht, was Ihr Verstand gesagt hat, weshalb Sie dieses Thema interessiert. Aber der wahre Grund ist ein ganz anderer. Ihre Seele ist nämlich das Wichtigste. Ihre Seele hat entschieden, sich mit diesem Thema zu befassen. Weil sie weiß, was dadurch geschieht, weil sie weiß, dass ein Bewusstseinspotenzial aufgebaut wird, in dem sie sich ausrichten kann, in dem sie sich wohl fühlt und einen Schritt, vielleicht sogar einen Sprung vorwärts machen kann.

Und die Seele weiß, der richtige Augenblick ist jetzt. Sie befassen sich mit dem Thema. Es gibt keinen Zufall. Sie lesen das Buch, weil Ihnen die Informationen auf Grund Ihres Soseins zufallen, weil es für Sie, für Ihre Entwicklung wichtig ist. Sie haben den ersten wichtigen Schritt getan: Sie sind dem inneren Ruf gefolgt.

Jetzt machen Sie den zweiten wichtigen Schritt: Öffnen Sie Ihr Bewusstsein, prüfen Sie alles, und das Beste behalten Sie. Danach tun Sie den dritten Schritt: Machen Sie sich das, was Sie als richtig und gut erkannt haben, zur Gewohnheit. Ziehen Sie also diese guten Dinge in Ihr Leben. Und Sie werden sehen, Ihr Leben verändert sich von Grund auf.

Manchmal können wir von ganz bescheidenen Geschöpfen, wie z. B. der Auster, etwas lernen. Sie versucht immer ihr Haus rein zu halten. Wenn einmal ein Sandkörnchen vom Meerwasser in die Schale gespült wird, sorgt sie dafür, dass sie es wieder herausspült. Meistens gelingt es ihr auch. Ganz selten einmal gelingt es ihr nicht. Ein Sandkörnchen ist so hartnäckig, dass die Auster es nicht wieder los wird. Dann macht sie das Beste daraus, was sie tun kann, eine Perle.

So sollten Sie auch aus jeder Situation, die nicht zu ändern ist, eine Perle in Ihrem Leben machen. Es geht! Machen Sie einfach das Beste daraus: Wenn Ihnen das Leben nur eine Zitrone beschert, machen Sie Limonade daraus. Nehmen Sie einfach die Dinge so, wie sie sind, und fragen: „Was kann ich damit anfangen?“ Ziehen Sie einmal Bilanz, und machen Sie das Beste aus dem, was ist. Und denken Sie daran: Dem, der Ausdauer hat, ist nichts unmöglich.

Wir können alles erreichen, was wir wirklich wollen. Wir leben nämlich in dem Gesetz der Gnade, dass wir in jeder Sekunde unser Leben von Grund auf ändern können. Wir verursachen unser Schicksal selbst. Wenn uns das, was wir verursacht haben, nicht gefällt, brauchen wir uns nicht an Gott zu wenden und herumzujammern, sondern können es ändern. Wenn die Änderung nach einiger Zeit wiederum nicht das Optimum ist, dann ändern wir auch die Änderung. So ändern wir immer mehr, stellen uns immer präziser auf das eigentliche Sein ein und werden so immer vollkommener. D.h. wir lassen zu, dass die Vollkommenheit unseres wahren Selbstes immer vollkommener in unserem Leben in Erscheinung tritt. Das ist es, was sich dann in Gesundheit, Lebensfreude, Glück und Erfolg äußert. Es gibt solche Menschen, denen alles zu gelingen scheint. Was sie anfassen, wird etwas. Wenn Sie einmal nachfragen, warum es so ist, warum der eine einfach Glück hat und der andere nicht, dann erkennen wir, dass es an der Geisteshaltung liegt.

Der eine erwartet einfach, erfolgreich zu sein. Ihn stört es nicht, dass es nicht gleich auf Anhieb geht. Er weiß ja: „Nicht alles, was ich anfasse, ist sofort gut. Ich muss es drei-, fünf-, siebenmal anpacken. Es ist egal. Aber ich lasse es erst los, wenn ich es erfolgreich beendet habe." Vielleicht hat der Erfolgreiche selbst gar nicht darüber nachgedacht, dass dies seine Haltung ist. Aber dadurch ist er erfolgreich. Werden wir also auch so erfolgreich.

Dabei müssen wir prüfen, ob wir an uns selbst glauben. Denn es ist ein geistiges Gesetz: Einem jeden von euch geschehe nach seinem Glauben. Wann immer ich glaube: „Das schaffe ich nicht", behalte ich recht. Das Gesetz verwirklicht meinen Glauben: „Das schaffe ich nicht." Ich kann dann sagen: „Ich habe mir solche Mühe gegeben. Ich habe mich angestrengt. Ich habe Misserfolge in Kauf genommen. Ich habe es nicht geschafft."

Wenn ich mich frage: „Habe ich denn geglaubt, dass ich es schaffen würde?" „Nein."

Also lernen wir wieder zu glauben. Erkennen wir die Vollkommenheit unseres wahren Selbstes. An diese Vollkommenheit können wir glauben. Wenn wir daran glauben, wird sie sich auch immer vollkommener in unserem Leben ausdrücken. Lernen wir wieder, an uns selbst zu glauben. Erkennen wir: Ganz gleich, was wir glauben, das Leben sagt immer nur ja. Wenn ich glaube: „Ich bin zu schwach dazu", behalte ich recht. Ich bin zu schwach dazu. Ich werde es nicht schaffen. Ich werde einen Beweis bekommen, das Leben sagt: „Ja, ja, ja. Du bist ein Schöpfer. Du glaubst, du bist zu schwach, dann bist du zu schwach. Ich mache dich schwach.

Wenn du glaubst, du bist stark genug, mache ich dich stark. Du wirst es schaffen. Du bist stark genug."

Es ist ein Gesetz, dass sich das verwirklicht, was wir glauben.

Praxistest im Seminar:

Vielleicht sollten wir jetzt noch ein anderes Geschenk des Lebens annehmen. Ich möchte Ihnen etwas zeigen. Wer kommt nach vorn und hat den Mut, einmal einen Strich anzusehen?

Machen wir einen Armtest. Zunächst einmal den Grundtest.

Halten.

Ja, wunderbar.

Nehmen Sie das Blatt mit dem Strich in die andere Hand, und schauen Sie den Strich eine Weile an.

Halten Sie dann den Arm wieder hoch, und versuchen Sie, den Arm so gut wie vorher hochzuhalten.

Halten!

Jetzt geht es nicht mehr. Was ist passiert? Ich habe der Dame einen nach unten gebogenen Strich gezeigt. Das Unterbewusstsein assoziiert aus diesem Strich hängende Mundwinkel, Pessimismus.

So lasse ich Sie nicht wieder gehen. Wir werden es jetzt umkehren.

Wir drehen den Zettel einfach um und schauen einmal, was passiert. Schauen Sie noch einmal diesen gleichen Strich an, aber diesmal zeigt der Bogen nach oben.

Halten!

Danke, wunderbar!

Sie wissen jetzt, was Sie Ihrer Umwelt antun, wenn Sie mit hängenden Mundwinkeln herumlaufen, wenn Sie eine pessimistische Haltung haben, wenn Sie sich hängen lassen. Sie tun sich das Schlimmste damit an. Sie leben in einer pessimistischen Welt, in einer unangenehmen Welt.

Vertiefen Sie Ihr Lächeln, lassen Sie es von innen richtig echt werden. Schließen Sie bitte einmal die Augen. Wir wenden jetzt das kostenloseste und sofort wirkende Hilfsmittel an: das Lächeln.

Ich schließe meine Augen, stelle mir einen Spiegel vor und schaue in diesen Spiegel. Ich sehe mich selbst. Ich schaue mich an und sehe, wie ich lächle. Ich sehe mich in meinem Spiegel lächeln. Und ich spüre, wie dieses Lächeln als Wohlgefühl durch meinen ganzen Körper geht. Es schadet nichts, wenn es außen auch sichtbar wird. Ich lasse es zu, dass dieses Lächeln mich erfüllt. Ich erfülle mich mit diesem inneren Lächeln; spüre, wie jede einzelne Zelle meines Körpers zu lächeln beginnt.

Und mit diesem Lächeln auf den Lippen, es ist das innere Lächeln, mache ich die Augen wieder auf und gehe weiter durch meinen Tag.

Meditation im Seminar:

Versuchen wir, uns im Gerichtetsein zu übertreffen, in einem absolut gerichteten Bewusstsein zu sein.

Ich schließe wieder meine Augen und mache mir bewusst, ich beherrsche meinen Körper. Der Körper ist mein Werkzeug. Ich bestimme, was geschieht. Und ich bestimme jetzt, dass mein Körper bewegungslos ist. Mein Körper ist vollkommen bewegungslos.

Nun lasse ich die Außenwelt los und sinke in mich hinein, wie eine Feder in einem Dom sinke ich langsam in mich hinein und ruhe in mir. Ich ruhe in meiner Mitte.

Und während ich in mir ruhe, erkenne ich in meiner Mitte ein Licht. Es ist das Licht meines wahren Selbstes. Und ich gehe nun einmal hinein in dieses Licht, hinein in mich selbst, in mein wahres Selbst.

Und während ich in das Licht meines wahren Selbstes hineintrete, spüre ich, wie dieses Licht jede Zelle meines Körpers durchlichtet und erfüllt. Mein ganzes Sein wird erfüllt vom Licht meines wahres Selbstes.

Und während ich mich vom Licht meines wahren Selbstes erfüllen lasse, lasse ich mein Bewusstsein weit werden; spüre ich, wie mein Bewusstsein zuerst meinen Körper erfüllt, jede Zelle meines Körpers mit Bewusstsein erfüllt, bis mir mein ganzer Körper bewusst ist. Ich erfülle meinen ganzen Körper mit Bewusstsein. Und ich spüre, wie dieses Bewusstsein sich jeder Zelle mitteilt. Mein gerichtetes Bewusstsein richtet jede Zelle in Harmonie. Jede Zelle meines Körpers ist jetzt auf Harmonie ausgerichtet, im Einklang mit der Harmonie der Schöpfung, eins mit dem Leben. Ich bin in Harmonie mit mir selbst und spüre, wie sich dadurch meine Gesundheit festigt und stabilisiert, wie neue Kraft in mich einfließt, spüre, wie ich erkenne, was richtig ist.

Ich erkenne immer klarer im Licht meines wahren Selbstes meine Aufgabe und meinen Weg. Ich habe das Ziel klar vor Augen und lasse nach und nach alles los, was mich diesem Ziel nicht näher bringt. Ich richte all mein Denken, Fühlen und Handeln auf mein Ziel und lasse los, was nicht mehr zu mir gehört. Ich spüre, wie ich dadurch leichter und freier durch mein Leben gehe; wie ich in Harmonie mit dem Leben Gesundheit in meinem Körper zulasse und neue Kraft, Lebensfreude kommt auf.

Ich fühle mich wohl, denn ich weiß, ich bin auf dem richtigen Weg. Ich bin endlich auf dem richtigen Weg. Und dafür bin ich dankbar. Ich bin aus tiefstem Herzen froh und dankbar.

Ganz behutsam löse ich mich wieder aus der Situation und kehre wieder zurück an die Oberfläche des Seins, zurück ins Hier und Jetzt.

Wann immer ich bereit bin, öffne ich meine Augen und bin wieder ganz bewusst im Hier und Jetzt.

Seminarsituation:

Ich weiß nicht, ob Sie von Mal zu Mal den Unterschied der Raumatmosphäre bemerken können, und was geschieht, wenn wir unser Bewusstsein ausrichten und dadurch klarer werden, immer mehr in die Einheit gehen und liebevoller werden. Auch wenn ich mich dagegen wehre, dass Sie sich verändern lassen sollen, so geschieht es trotzdem. Niemand wird dieses Seminar so verlassen, wie er gekommen ist. Wir alle werden uns verändern, haben uns schon verändert und werden diese Veränderung ständig weiter ausdehnen. Wir werden unser Bewusstsein immer mehr erweitern, werden noch klarer die Wirklichkeit hinter dem Schein erkennen.

Vor allen Dingen aber erkennen wir den Sinn unseres Lebens. Vielleicht können wir ihn in einigen Punkten zusammenfassen:

1. Seine Aufgabe erkennen:

Ein Schritt auf dem Weg zur Selbstverwirklichung ist es zu erkennen, weshalb wir hier sind. Wir erkennen dies, indem wir unser Gepäck prüfen. Welche Fähigkeiten habe ich mitgebracht, welche Interessen, welche Wünsche, welche Motivationen, und was kann man damit am besten tun?

2. Den Augenblick erfüllen:

Ich erkenne, was das Leben in diesem Augenblick von mir will. Ich frage nicht mehr, was will ich vom Leben, aus der Erkenntnis heraus, dass das Leben ohnehin das Beste für mich vorgesehen hat. Warum soll ich mich mit dem Zweitbesten zufrieden geben? Das Leben möchte, dass ich das Beste bekomme. Das Leben möchte nicht immer, dass ich das Bequemste habe, das Angenehmste, sondern das Beste. So lerne ich, dass das Bequeme nicht immer das Beste ist, dass das Unangenehme nicht negativ ist. Und ich nehme dankbar das Beste an, was das Leben für mich vorgesehen hat. Den Augenblick erfüllen heißt, in jedem Augenblick zu tun, was zu tun ist, unabhängig davon, ob die anderen hurra oder pfui schreien. Ich gehe meinen Weg und tue das Rechte. Der Spruch „Tue recht und scheue niemand“ kommt dem schon sehr nah, wenn wir wirklich wissen, was damit gemeint ist.

3. Erkenntnisse sammeln:

Ich mache mir bewusst: Was habe ich jetzt gelernt? Was hat mir diese Situation gesagt? Welche Konsequenz ergibt sich daraus für mein Leben? Was sollte ich auf Grund dieser Konsequenz jetzt nicht mehr tun? Was muss ich mir abgewöhnen? Was sollte ich mir angewöhnen? Eine wunderbare Angewohnheit wäre, jeden Abend Psychohygiene zu machen. So wie wir uns die Hände waschen, sollten wir jeden Abend Psychohygiene machen. Das heißt, wir sollten den Tag, die einzelnen Ereignisse noch einmal ins Bewusstsein nehmen und sollten uns freuen über das, was wir gut getan haben, und sollten das, was wir noch nicht gedanklich optimal getan haben, in der bildhaften Vorstellung korrigieren. Wir sollten es noch einmal so, wie es eigentlich hätte sein sollen, erleben. So programmieren wir das erwünschte Verhalten jeden Abend ein. Und jeden Morgen bereite ich mich auf den neuen Tag vor. Ich stelle mir vor: Was kommt heute auf mich zu? Wem werde ich begegnen? In welche Situationen werde ich kommen? Wie sollte ich mich da verhalten? Und ich erlebe voraus, wie ich mich richtig verhalte. Am Abend kontrolliere ich: Wie weit ist es mir gelungen?

So schließe ich jeden Tag ab. Ich bin jeden Tag auf dem Laufenden wie in einem ordentlichen Betrieb. Kasse, Buchführung, alles ist auf dem letzten Stand. Ich habe alle Konsequenzen gezogen. Ich weiß, dass ich mich morgen wieder auf den morgigen Tag vorbereiten werde. Ich gehe vorbereitet durch das Leben.

Und wenn ich noch ein Übriges tun will, mache ich es mir zur Gewohnheit, jede Stunde einmal eine Stille-Minute einzulegen. Ich richte mich kurz aus: „Stimme ich noch? Ist mir bewusst, wer ich bin? Handle ich aus dem richtigen Bewusstsein?" Dann gehe ich weiter durch mein Leben. Es ist eine der besten Investitionen. Sie kostet nicht nur keine Zeit, sondern sie spart Zeit. Sie werden sehr viel effektiver handeln, sehr viel sicherer, gerichteter sein. Sie werden sehr viel weniger Fehler machen, dadurch weniger Probleme haben, dadurch viel weniger Zeit benötigen, die Sie sonst gebraucht hätten, um die Probleme wieder auszubügeln.

Und in dieser Stille-Minute und abends und morgens in der Psychohygiene machen wir uns unsere Erkenntnisse bewusst: Was habe ich heute gelernt? Welche Konsequenz ergibt sich daraus? Welche Erkenntnis nehme ich nun mit? Es ist wichtig, dass wir uns das bewusst machen, nicht nur, dass wir es lernen, auch dass wir es uns bewusst vor Augen führen. Vielleicht führen Sie sogar ein Buch der Erkenntnis. Sie werden jeden Tag etwas einzutragen haben. Sie werden erstaunt sein, was in einem halben Jahr an Erkenntnissen zusammenkommt. Manche werden Sie wieder vergessen haben. Sie werden froh sein, dass Sie sie schriftlich haben. Es ist sehr schön, ein solches Buch der Erkenntnis zu führen.

4. Selbstverwirklichung:

Ich verwirkliche nicht mehr mein Ego, nicht mehr die Absichten des Verstandes oder die Emotionen des Gemütes, sondern ich handele aus dem wahren Selbst heraus. Ich bin selbstbeherrscht, d. h. ich übergebe dem wahren Selbst die Herrschaft über mein Tun. Ich lasse mich von der Vollkommenheit meines wahren Selbstes beherrschen. So lasse ich allmählich die Vollkommenheit meines wahren Selbstes durch mich wirken. Das ist Selbstverwirklichung. Nicht das, was die meisten Menschen darunter verstehen, wenn sie sagen: „Ich will mich jetzt selbst verwirklichen." Sie meinen eigentlich: „Jetzt tue ich nur noch das, wozu ich gerade Lust habe." Das hat natürlich mit Selbstverwirklichung gar nichts zu tun. Das ist so weit davon entfernt, wie nur irgendetwas sein kann. Das ist bestenfalls Ego-Verwirklichung. Ich muss also wahre Selbstverwirklichung lernen.

5. Was tue ich für das Ganze?

Was tue ich für meine Mitmenschen, die Gesellschaft, für die Schöpfung aus der Erkenntnis heraus: Wer nichts für die Gesellschaft tut, fällt ihr zur Last. Es ist unsere Aufgabe, die Welt ein bisschen besser zu verlassen, als wir sie vorgefunden haben. Also mag jeder seinen Platz finden.

Was tue ich für das Ganze, denn ich bin ein Teil des Ganzen? Jesus hat gesagt: „Was Ihr dem geringsten meiner Brüder tut, habt Ihr mir getan“ – aus der Erkenntnis heraus, dass unsere Brüder wir selbst sind. Wir sind alle eins.

Wir können es uns nicht vorstellen, dass irgendein fremder Mensch mit uns eins sein soll. Es geht jedoch ganz leicht, wenn Sie sich vorstellen, dass diese zweihundert Billionen Zellen Ihres Körpers Ihren Körper bilden. Da mögen auch Zellen sein, die sagen: „Was habe ich mit der Leberzelle zu tun oder mit der Zelle im linken Daumennagel? Interessiert mich doch nicht.“ Wir wissen, was passiert, wenn in irgendeinem Organ irgendeine Zelle sagt: „Die Nachbarzelle ist krank, sie stirbt sicher bald. Was interessiert mich das? Sie ist in Not. Aber mir geht es gut. Ich bin versorgt.“

Wenn die Zelle in der Nachbarschaft stirbt, sterben andere, die dadurch vergiftet werden. Dann stirbt das Organ, mit dem Organ der Organismus und mit dem Organismus auch diese Zelle, der es so gut ging. Denn wir alle sind eins. Auch wenn jede Zelle in unserem Körper glaubt: „Was habe ich mit den anderen zu tun? Ich bin eine Zelle. Ich bin abgeschlossen. In mir herrscht Ordnung. Was draußen passiert, interessiert mich nicht.“

Diese Zellen zusammen bilden uns, unseren Körper. Und so bilden wir alle zusammen ein Ganzes. Wir sind in verschiedenen Körpern; aber wir sind ein Bewusstsein.

Und so verwirkliche ich mein wahres Selbst, wenn ich mir meine Aufgabe für die Schöpfung bewusst mache, für meine Mitmenschen und für meinen Nächsten etwas tue.

Vielleicht könnte die Frage auftauchen: „Wer ist eigentlich mein Nächster? Sind das die armen Leute in Kambodscha oder die in Nicaragua oder mehr die in Abessinien?“ Nein, das ist nicht mein Nächster. Jesus hat diesen Begriff so wunderbar geprägt. Mein Nächster ist der, der in das Haus meines Bewusstseins tritt, der Hilfe braucht, und dem ich Hilfe geben kann. Das ist mein Nächster.

Und in dem Moment, wo er in das Haus meines Bewusstseins tritt, ist er mein Gast, ist er mein Nächster, tue ich für ihn, was ich für ihn tun kann, ganz gleich, wie weit er entfernt sein mag, ganz gleich, ob ich nur an ihn denke, oder ob er vor mir steht. Er ist mein Nächster, wenn er in das Haus meines Bewusstseins eingetreten ist und mein Gastrecht genießt. Er hat Anspruch auf meine Hilfe.

Und in dem Moment, wo ich ihn in meinem Bewusstsein habe, bin ich auch verpflichtet, ihm zu helfen. Aber ich sollte nicht das tun, was er haben möchte, sondern ich bin verpflichtet, ihm zu helfen. Das ist meistens nicht identisch. Man möchte das haben, was angenehm und bequem ist. Das ist nicht immer das, was hilft. Ich muss also entscheiden, wie helfe ich ihm wirklich.

Und da wir gesagt haben: „Wir haben nichts zu entscheiden", heißt es: „Ich muss die Wirklichkeit hinter dem Schein erkennen und wahrnehmen: Wie kann ich ihm wirklich helfen?" Und so erfülle ich diesen fünften Punkt: Hilfe für meinen Nächsten, für meine Mitmenschen, für die Schöpfung.

6. Den Tod als Krönung des Lebens erkennen:

Der Tod ist die Krönung eines jeden Lebens. Wann immer Sie Gelegenheit haben, sich einmal zurückführen zu lassen, erleben Sie einmal einen Tod bewusst, damit Sie wissen, was es heißt zu sterben. Das sollte eigentlich jeder einmal erlebt haben. Wenn man es einmal erlebt hat, weiß man, der Tod – so wie wir ihn uns vorstellen – ist eine Illusion. Er betrifft uns überhaupt nicht. Er betrifft nur diesen Körper. Epikur hat gesagt: „Was betrifft mich der Tod? Solange ich da bin, ist der Tod nicht da. Und wenn der Tod da ist, bin ich nicht mehr da." Wir erkennen daraus, dass der Tod nur unseren Körper betrifft, nie uns selbst. Bewusstsein wird weder geboren noch stirbt es. Bewusstsein ist. Das Leben ist lebendig, bleibt lebendig. Wir werden immer sein. Allerdings müssen wir auch die Verantwortung übernehmen für dieses Sein, denn wir tragen die Folgen.

Und so erkenne ich, dass der Tod der krönende Abschluss eines jeden Lebens ist. Ich sollte vorbereitet sein. Eine der Vorbereitungen heißt loslassen. Vor allen Dingen loslassen, was nicht glücklich macht. Denn unser Auftrag hier heißt, glücklich zu sein. Leben ist schön. Und jede Bindung, mag sie noch so gering sein, macht mich unfrei. Ich habe darüber ein Buch geschrieben. So können Sie Schritt für Schritt erkennen, was nicht glücklich macht, damit Sie glücklich und erfüllt durch das Leben gehen können und vor allem frei. Wer nicht frei ist, hat gar keine Wahl. Der muss. Nur der Freie hat die Wahl.

Das ist der letzte Punkt vom Sinn des Lebens, den Tod als krönenden Abschluss zu erkennen, als Abschlussprüfung gewissermaßen, und vorbereitet in diese Prüfung zu gehen und bewusst zu erleben, wie man stirbt, zu erkennen: Wenn der Körper gestorben ist, ist man immer noch da. Erleben, wohin man dann geht, was geschieht, bewusst zu erleben, wie man wieder zurückkommt, wie man geboren wird. Dies einmal zu erfahren, beseitigt ein für allemal die Angst vor dem Tod. Wir wissen, der Tod ist ein wunderschönes Erlebnis, und niemand stirbt allein. Es ist noch nie ein Mensch allein gestorben. Auch wenn er irgendwo ganz einsam in eine Gletscherspalte gefallen oder im Krankenhaus in Zimmer 12a (13 gibt es wegen des Aberglaubens nicht) zum Sterben abgeschoben ist – alle paar Stunden schaut eine Krankenschwester, ob er schon gestorben ist –, ist er nicht allein. Bevor er stirbt, sind alle die Menschen, die

Seelen da, die vor ihm gegangen sind, mit denen er noch in Liebe verbunden ist. Viele Sterbende haben darüber berichtet. Wenn Sie die Bücher von Frau Dr. Kübler-Ross gelesen haben, wissen Sie es. Keiner stirbt allein. Wir werden abgeholt. Alle, die uns wirklich noch lieben, mit denen wir durch die Energie der Liebe verbunden sind, kommen uns abholen, zeigen uns, was sich zu Hause verändert hat, führen uns wieder ein, bis wir uns zu Hause fühlen. Und umgekehrt holen wir die anderen ab, die nach uns nach Hause kommen.

Wenn Sie also mit jemandem durch eine Energie der Liebe verbunden sind, dann können Sie ganz sicher sein, er wird Sie abholen, wenn er vor Ihnen gegangen ist. Sie werden sich wieder sehen. Es gibt keine Trennung.

Und was wir auf dem Standesamt oder in der Kirche sagen: „... bis dass der Tod euch scheidet“, das ist eine Illusion. Der Tod scheidet nicht. Wir scheiden uns, indem wir die verbindende Energie auflösen.

Wenn mich nichts mehr mit einem anderen verbindet, sind wir geschiedene Leute schon hier im Leben, erst recht drüben. Aber es gilt natürlich auch für unangenehme Verbindungen. Wenn Sie jemanden nicht leiden mögen, wenn Sie jemanden sehr ablehnen, wenn er Ihnen widerlich ist, wenn Sie ihn vielleicht hassen, das ist eine ebenso starke Bindung wie die Liebe. Das heißt, Sie werden sich wieder sehen und Gelegenheit bekommen, sich weiter zu hassen, bis Sie auch diese Energie aufgelöst haben.

Wenn Sie mit einem Menschen in Verbindung stehen, den Sie nicht wieder sehen möchten, dann lösen Sie diese Energie noch in diesem Leben auf. Wie man das macht? Ganz einfach! Entlassen Sie ihn aus dieser Verbindung, aus Ihrem Hass, aus Ihrer Abneigung durch die Erkenntnis: Er ist Gott gut genug, dass Gott in ihm wohnt. Also sollte er mir gut genug sein, dass ich ihn achte in seinem Sosein.

Und in dem Moment muss ich ihn aus meinem Hass entlassen, denn in dem Moment ist mir bewusst: Ich hasse Gott im anderen. Das kann nicht sein. Also nehme ich ihn an, so wie er ist, und bin frei. Ich werde ihn nie mehr wieder sehen. Das ist für manche tröstlich, für manche bedrückend. Aber ganz gleich, wie es ist. Es ist! Es ist Wirklichkeit. Und Wirklichkeit kümmert sich nicht darum, wie der menschliche Geist zu ihr steht. Wirklichkeit heißt Wirklichkeit, weil Sie wirkt. Ob es uns passt oder nicht, sie wirkt einfach. Wir müssen uns damit abfinden.

Wenn wir diese Punkte vor Augen haben, dann sollten wir vielleicht noch von einer kleinen unscheinbaren Sache etwas lernen, von der Briefmarke. Die Briefmarke hat eine Eigenschaft, von der wir alle lernen können, nämlich: Sie hält an einer Sache fest bis ans Ziel, jedenfalls meistens. Und das sollten wir auch tun. Wir sollten wie die Briefmarke an einer Sache festhalten, bis wir am Ziel sind, bis wir diese Punkte erfüllt haben, bis wir uns selbst verwirklicht haben.

Eine Frage zum Thema Sterben: Mich würde interessieren, ob diese Angst vor dem Sterben anerzogen ist oder gottgewollt uns mitgegeben wurde.

Diese Angst ist mitgebracht. Es ist nicht die Angst vor dem Tod. Es ist die Urangst vor dem Unbekannten. Wir lernen als Kinder, entweder Urvertrauen zu haben oder Urangst, und zwar schon in der pränatalen Phase bis in die ersten Monate hinein prägt sich in uns diese Sicherheit oder Unsicherheit. Wenn das Kind im Mutterleib erlebt, dass es abgelehnt wird, dass es nicht gemocht wird – das ungeborene Kind erlebt alle Gedanken, Gefühle mit, es ist noch eins mit der Mutter –, diese Ablehnung ist für das Kind unerträglich, im wahrsten Sinne des Wortes unerträglich. Es bekommt Angst. Wenn ein Kind aber von Anfang an gemocht wird und dieses Gemochtsein auch nach der Geburt erlebt, indem jemand da ist, der seine Bedürfnisse stillt, dann cntwickelt es ein Urvertrauen. Aus diesem Urvertrauen kann es dann auch Risiken eingehen, kann es sich dann auch in das Unbekannte vorwagen, wird es auch dem Tod gelassen ins Auge sehen können. Nur wenige Menschen erleben das so vollkommen, dass sie diese absolute Sicherheit mitbekommen.

Und das ist gleichzeitig ein Geschenk, das jede Mutter ihrem Kind machen kann. Sie kann mit dem Kind sprechen, bevor es geboren ist, und ihm diese Sicherheit geben, erwünscht zu sein, gemocht zu sein, geliebt zu werden und ihm so ein Erbe für das ganze Leben mitgeben, dieses Urvertrauen.

Es ist wohl sehr schwierig, diese Angst abzubauen. Kann man die Angst mit der Psychohygiene in einer Woche abbauen?

Ganz sicher nicht. Das ist eine Aufgabe von möglicherweise zwei, drei Jahren, wenn die Angst nicht so tief sitzt, von zwei, drei Monaten. Aber es dauert seine Zeit. Die Angst ist in langen Jahren gewachsen, hat sich vertieft, und sie kann nur allmählich durch Sicherheit abgebaut und durch neue Erfahrungen ersetzt werden. Wenn ich mir jeden Abend über die Psychohygiene diese neuen Erfahrungen einpräge, dann geschieht es allmählich, es wächst das Vertrauen in mir, dann kann ich diese Angst loslassen.

Wir haben uns jetzt ein umfassendes Fundament geschaffen. Jetzt sollten wir die ersten Steine für unser geistiges Haus setzen, die

Grundsteine gewissermaßen, auf denen das ganze Gebäude ruht. Fangen wir mit dem Einfachsten an, es wird für manchen schon schwer genug sein: Loslassen, was unsere Entwicklung hindert. Das Wichtigste wäre das Ärgern. Überlegen wir einmal, wie wir uns verhalten würden, wenn wir in einem Betrieb sehen, dass er einen Teil seiner Leute, seiner Produktionsmittel, seines Geldes, seines Materials dafür verwendet, um etwas zu produzieren, was ihm schadet. Wir würden erstaunt sein, dass man so etwas macht. Aber wir alle tun genau das!

Ich habe lange Zeit alles Wissen über den Ärger gesammelt, um zu sehen, was passiert. Ärger fördert die Nervosität, lässt uns beim nächsten Mal noch schneller ärgerlich werden. Der Blutdruck steigt. Das Herz schlägt unregelmäßiger. Die Verdauung wird beeinträchtigt. Die Muskeln verspannen sich. Kopfschmerzen, Müdigkeit, schlechter Schlaf und schlechte Laune sind die Folge. Gallensteine, Magengeschwüre werden möglich. Ton und Denken werden unbeherrscht. Die Vitalität wird durch den Ärger stärker belastet. Und je häufiger und intensiver der Ärger erlebt wird, desto schlechter ist der Gesundheitszustand. Kurzum, wir werden vor der Zeit alt, hässlich, welk und krank. Wir schwächen uns selbst durch eine negative Änderung unseres Bewusstseins, die wir ärgern nennen. Wenn wir so massive Nachteile auf uns nehmen, das sogar meistens täglich, oft ein paar Mal, muss man sich doch fragen: „Was ist der Vorteil?“ Es muss doch eine starke Motivation dahinterstehen, das zu tun. Es muss doch einen großen Vorteil haben, sonst würden die Leute es nicht tun.

Ich habe viele Jahre gesucht, alle möglichen Leute gefragt. Ich habe bis jetzt nicht den geringsten Vorteil gefunden. Wissen Sie einen? Welchen Vorteil hat das Ärgern?

Man könnte sagen: „Man wird seinen inneren Druck los, kann Dampf ablassen.“ Aber man braucht den Dampf gar nicht erst aufzubauen.

Was könnte Ärger für einen Vorteil haben?

Wenn keiner einen Vorteil findet, muss ich provokativ fragen: „Was hindert Sie, sich ab heute nicht mehr zu ärgern?“ Man kann es nämlich verlernen. Ich möchte Ihnen gleich jetzt zeigen, wie.

Nichts und niemand auf der Welt hat die Macht, mich zu ärgern. Es ist meine Entscheidung. Ich allerdings kann alles zum Anlass nehmen, dass die Sonne scheint oder nicht scheint, dass sie zu sehr scheint, dass sie zu früh oder zu spät scheint, dass mich jemand besuchen kommt oder dass er mich nicht besuchen kommt. Ich kann alles für meinen Ärger zum Anlass nehmen. Und ich kann entscheiden: Ich ärgere mich nicht mehr. Das muss ich allerdings vor dem Ärger tun. Wenn ich mich ärgere, ist es zu spät. Dann sollte ich nicht die Energie hinunterschlucken, sondern mit dem Ärger umgehen, ihn herauslassen und mir am Abend bei der Psychohygiene überlegen: Wie hätte ich mich richtig verhalten sollen?

Wieder ein Beispiel: Stellen Sie sich vor, Sie fahren mit 50 km/h auf der Hauptstraße. Sie fahren rechts. Alles ist in Ordnung. Sie sind gut gelaunt, zufrieden. Es kommt einer von links aus einer Einfahrt, schaut nicht rechts, nicht links, fährt einfach auf die Straße. Sie müssen eine Vollbremsung machen, rutschen gerade noch ganz dicht bis an das Auto. Es passiert nichts. Wie reagieren Sie? Die nächsten Worte von Ihnen möchte ich gern einmal hören. Ihre Reaktion möchte ich gern filmen und es Ihnen vorführen.

Sie werden dann sagen: „Die Reaktion ist doch nun wirklich berechtigt. Damit musste ich doch nicht rechnen, dass da jemand so etwas tut.“ Noch ein paar Stunden sind Sie auf hundertachtzig, Ihr Blutdruck ist hoch, Sie sind schlecht gelaunt, ärgerlich, nervös.

Stellen Sie sich einmal vor, Sie machen Psychohygiene und programmieren sich um. Sie stellen sich vor, wie man sich hätte idealerweise in der gleichen Situation verhalten sollen. Sie erleben, wie

Sie wieder auf der Hauptstraße mit 50 km/h fahren, rechts, gut gelaunt. Wieder fährt jemand mit seinem Auto aus der Ausfahrt auf die Straße. Wieder können Sie durch Ihre Notbremsung einen Schaden verhindern. Anstatt sich jetzt zu ärgern, klopfen Sie sich auf die Schulter und sagen: „Donnerwetter, damit musste ich doch jetzt wirklich nicht rechnen. Ich habe blitzartig richtig reagiert. Ich freue mich, dass ich mich auf mich verlassen kann, denn so habe ich uns jetzt viel Ärger erspart mit der Werkstatt, der Versicherung, vielleicht sogar mit dem Krankenhaus, wegen des Verdienstausfalls, Ärger mit dem Chef. Alles ist mir erspart geblieben und dem Anderen auch, den ich gar nicht kenne, weil er weitergefahren ist, durch meine schnelle sichere und richtige Reaktion." Und nach ein paar Stunden freuen Sie sich noch, dass Sie so schnell und sicher richtig reagiert haben.

Das ist doch sicher genauso berechtigt, nur sehr viel hilfreicher als das andere. So lernen wir allmählich jede Situation umzudrehen in ein positives Verhalten. Und allmählich merken Sie, dass diese inneren Programme zu wirken beginnen. Irgendwann passiert so etwas wieder einmal, und Sie warten auf den Ärger, und er kommt nicht. Sie haben sich umprogrammiert. Sie haben sich selbst erzogen. Sie haben den Ärger losgelassen. Sie haben es endlich gelernt.

Ein anderer Schritt, den Ärger loszulassen ist, alle Erwartungen ersatzlos zu streichen. Erwarten Sie nie mehr von irgendwem irgendetwas. Das heißt nicht, dass Sie nicht von jemandem etwas verlangen können. Sie können von Ihren Kindern verlangen, dass sie sich die Füße abputzen, bevor sie in die Wohnung kommen, dass sie ihren Anorak ordentlich aufhängen, dass sie ihr Zimmer immer aufgeräumt haben. Das können Sie alles verlangen. Nur erwarten Sie nicht, dass es geschieht. Sonst müssen Sie sich wieder ärgern und müssen es wieder verlangen und wieder verlangen, vielleicht eine Strafe aussetzen, irgendwie mit der Situation umgehen oder eine Diskussion anfangen. Erwarten Sie nicht, dass es geschieht.

Genauso beim Mitarbeiter, wenn Sie einen Betrieb zu leiten haben: Sie zahlen ein gutes Gehalt, Sie können gute Arbeit verlangen, aber erwarten Sie nicht, dass es geschieht, sondern sorgen Sie dafür. Sorgen Sie dafür, dass es geschieht. Wenn Sie alle Erwartungen aufgelöst haben, können Sie sich nie mehr ärgern, denn Sie werden erkennen: Am Anfang eines jeden Ärgers stand immer eine Erwartung: „Er kann doch wenigstens grüßen, wenn er vorbeigeht. Er braucht doch nicht unbedingt sein Auto vor meiner Einfahrt zu parken."

Wir erwarten immer, dass die anderen vollkommener handeln, als sie es tun, und dann ärgern wir uns und sagen: „Der andere ist schuld." Schuld sind immer wir. *Ich* habe mich geärgert, und nur *ich* kann es lassen. Wenn ich also diese Erwartung streiche, mache ich mir ein unwahrscheinliches Geschenk. Nicht nur, dass ich mich nie mehr ärgern kann, ich kann auch niemanden mehr kränken, verletzen, beleidigen. Wie soll das denn gehen?

Wenn ich nicht erwarte, dass sich meine Tochter die Schuhe abputzt, wird sie es nie tun.

Ihre Tochter interessiert sich für Ihre Erwartungen überhaupt nicht. Sie reagiert nur auf Ihre Erziehung. Sie sollen sie ja erziehen.

Ich kann nur positiv voraussetzen, dass sie es tut, dann erwarte ich es doch schon.

Sie können nur positiv verlangen, dass sie es tut. Sie können ihr die Vorteile nahe bringen. Sie können ihr Strafen androhen. Sie können alles Mögliche tun. Ihre Erziehung geht genauso weiter wie bisher, nur eins sollten Sie loslassen: die Erwartung, dass es auch geschieht, nur weil Sie es jetzt gesagt haben. Sie können sich sogar bildhaft vorstellen, wie Ihre Tochter hereinkommt und sich immer die Schuhe abputzt. Nur Sie sollten nicht erwarten, dass es geschieht. Es ist möglich, dass es immer noch nicht geschieht. Wir wissen bei Kindern: Man muss es hundertmal sagen, und vielleicht geschieht es dann immer noch nicht.

Es widerspricht doch dem positiven Denken, wenn ich das nicht erwarte.

Wenn ich nichts erwarte, bin ich frei, bin ich doch nicht negativ.

Denke ich schon.

Nein, ich helfe meinem Kind, zu sich selbst zu erwachen. Das ist Kindererziehung. Und es ist illusorisch zu erwarten, wenn ich etwas zwei- oder dreimal sage, dass es dann geschieht. Dann mache ich mir etwas vor. Das hat mit positivem Denken nichts zu tun.

Wenn ich davon ausgehe, dass ich in niemanden Erwartungen setze, setzen darf, spreche ich dem Anderen ab, ein guter Mensch zu sein.

Sie sollten es nicht von sich erwarten, Sie sollten es tun, aber lösen Sie die Erwartung auf. Die anderen müssen keine positiven Menschen sein. Die anderen haben das Recht, so zu sein, wie sie sind. Der Weise erwartet alles von sich und nichts von den anderen. Denn er selbst kann es erfüllen, die anderen sind so, wie sie sind.

Soll man sich auch nicht über die eigenen Fehler ärgern?

Natürlich nicht. Das Dümmste, was man mit einem Fehler tun kann, ist, sich zu ärgern. Dadurch wird er nicht besser. Ein Fehler ist ganz wichtig. Ein Fehler ist mein Freund. Nur durch einen Fehler kann ich lernen. Denn der Fehler zeigt mir: Das war falsch. Dann kann ich sagen: „Danke Fehler, dass du mir das gezeigt hast. Das habe ich kapiert.“ Wenn ich etwas falsch mache, ist es nie ein Fehler. Es ist eine Aufforderung, einen Lernschritt zu tun. Ein Fehler wäre es nur, diesen Fehler zu wiederholen. Das wäre dann wirklich ein Fehler. Aber selbst dann habe ich immer noch die Möglichkeit, diesen Lernschritt doch noch zu vollziehen. Wir sollten uns also nicht darüber ärgern, dass wir noch nicht vollkommen sind. Wir sind es zwar von unserem wahren Selbst her; aber wir können noch nicht vollkommen damit umgehen. Wir können diese Vollkommenheit noch nicht vollkommen zum Ausdruck bringen.

Wir sind hier in der Schule des Lebens, um genau das zu lernen. Wie kann sich ein Kind, das in die Schule geht, ärgern, weil es noch nicht alles weiß? Es geht ja gerade zur Schule, weil es noch nicht alles weiß. Das Kind braucht sich nicht zu ärgern. Es braucht nur zu lernen.

Und das sollten wir auch tun und ganz besonders aus unseren Fehlern. Jemand hat einmal gesagt:

Der Kluge – lernt aus seinen Fehlern.
Der Weise – lernt aus den Fehlern der anderen.
Der Narr – lernt weder aus dem einen noch aus dem anderen.

Jetzt mag jeder sich selbst einstufen.

Ich habe eine provokative Frage: Sie planen ein Seminar. Sie machen Ausschreibungen. Sie haben Anmeldungen. Sie kommen mit der Freude, ein Seminar zu halten, und finden im Hotel eine Baustelle vor. Sind Sie überrascht, dass eine Baustelle da ist, oder erwarten Sie, dass ein Seminar stattfindet?

Da ich nichts erwarte, ist es möglich, dass im Hotel eine Baustelle ist, ist es möglich, dass ein Seminar nicht stattfindet, ist es möglich – wie es passiert ist –, dass der Dozent erkrankt ist, dass der Dozent gedacht hat, es ist erst in vier Wochen, dass die Leitung des Hotels den Raum anderweitig vergeben hat, weil sie sich verplant hat, da die Reservierung ins falsche Buch eingetragen war. Alles das ist möglich.

Und Sie ärgern sich nie?

Ganz sicher nicht. Ich stehe jetzt vor einer Situation. Das Leben stellt mir eine Aufgabe. Ich denke in Lösungen und frage:

- Wie gehe ich jetzt damit um?
- Was mache ich jetzt mit der Situation?
- Was erwartet das Leben denn von mir?
- Was kann ich optimal tun?
- Was würde Jesus jetzt tun?

Würde er schreiend über die Gänge laufen und über die Baustelle oder die miese Planung schimpfen? Ich kann es mir nicht vorstellen. Also versuche ich, diesem Beispiel so nahe wie möglich zu kommen. Vielleicht kann ich es nicht so gut wie er; aber ich versuche, ihm so nahe wie möglich zu kommen. Das würde ich tun.

Ich erinnere mich an mein Seminar mit dem Thema: *Nie mehr ärgern.* Als ich mich nach der Pause auf meinen Stuhl setzen wollte, sah ich, dass irgendjemand offensichtlich meinen Ärger testen wollte und von unten zwei Nägel durch den Sitz geschoben hatte. Man konnte ein ganz klein bisschen sehen, dass der Stoff gewölbt war. Aber da ich mit wachem Bewusstsein durch das Leben gehe, habe ich seine Absicht gespürt, habe den Stuhl angeschaut und habe mich so richtig auf die eine Seite, auf der keine Nägel waren, fallen lassen. Dann habe ich die Nägel herausgezogen, habe dem Teilnehmer die Nägel wiedergegeben und gesagt: „Jetzt wissen Sie, ich ärgere mich nicht." Ich gebe mir aber auch keinen Grund, weil ich achtsam durch das Leben gehe. Und das sollten Sie auch lernen. Da haben wir gleich eine neue Lektion.

Also ich werde mich mit Sicherheit nicht ärgern, denn überlegen wir einmal: Was würde denn passieren, wenn ich mich ärgern würde? Würde dann die Baustelle blitzartig verschwinden? Würde der Raum plötzlich doch zur Verfügung stehen? Würde das Problem gelöst? Überhaupt nicht. Ich hätte meine Zeit, meine Nerven, meine Gesundheit, meine Kraft vertan. Und das, worüber ich mich geärgert habe, wäre noch genauso ärgerlich da wie vorher. Ich könnte mich gerade wieder ärgern. Sie sehen, es bringt nichts.

Wenn ich als vernünftiger Mensch erkenne, eine Handlung löst mein Problem nicht, dann sollte ich sie nicht wieder tun, weil sie nicht hilfreich ist. Und das sollten wir jetzt lernen. Wir sollten lernen, dass man sich tatsächlich das Ärgern abgewöhnen kann.

Sie haben gesagt, dass man nichts erwarten soll. Ein anderer kann die Gedankenenergie spüren. Wenn ich von einem Kind nichts erwarte und darauf meine Erziehung aufbaue, spürt das Kind es doch, dass ich nichts erwarte.

Das ist möglich. Es schadet aber nichts, denn ich sollte das Kind von meiner Erziehungsmaßnahme überzeugen. Wenn ich wirklich ein Erzieher bin, helfe ich dem Kind, zu sich selbst zu finden. Ich helfe dem Kind zur Einsicht zu kommen, dass das besser ist. Ich lasse in einer Familienkonferenz auch die Meinung des Kindes zur Geltung kommen. Wir besprechen die Situation miteinander. Ich lasse das

Kind mitunter seine Erfahrung machen. Ich sage dem Kind, was passiert, und bitte es, sich nach meiner Vorstellung zu entscheiden. Wenn es das nicht tut, lasse ich es das Falsche tun, damit es die Erfahrung macht, weil das viel überzeugender ist als die besten Argumente. Ich helfe ihm zur Einsicht zu kommen.

Ich habe ein in der Schule wenig begabtes Kind und erwarte von ihm, dass es gute Leistungen bringt. Es ist doch positiv, wenn ich es zu guten Leistungen ansporne.

Ja, aber es ist doch noch viel positiver, wenn ich dem Kind helfe, gute Leistungen zu bringen. Ich brauche es gar nicht erst zu erwarten.

Wann immer Sie eine Erwartung haben, geben Sie dem Leben eine Möglichkeit, Sie zu enttäuschen.

Das ist recht ernüchternd.

Wenn ich Geburtstag habe, erwarte ich im Stillen einen schönen Strauß meiner Lieblingsblumen. Das darf ich also nicht erwarten. Bekomme ich ihn, ist es gut, bekomme ich ihn nicht, ist es egal.

Überlegen Sie doch einmal umgekehrt. Wenn Sie Erwartungen haben, betrügen Sie sich um so viel Lebensfreude. Das Leben hat nämlich tausend Möglichkeiten, es anders zu tun, als Sie es erwartet haben. Es hat aber nur eine einzige Möglichkeit, das zu tun, was Sie erwartet haben. Wenn Sie dann wirklich diese Lieblingsblumen bekommen, die Sie erwartet haben: „Na ja gut, habe ich erwartet. Ich freue mich. Im Grunde habe ich es erwartet." Aber wenn eine der tausend anderen Möglichkeiten eintritt, die man noch nicht erwartet hat, dann ärgert man sich oder ist unzufrieden, frustriert, enttäuscht. In dem Moment, wo ich meine Erwartungen auflöse, sage ich: „Ob ich etwas bekomme oder nicht, ist vollkommen gleich.“

Es geht nicht um das Bekommen. Es geht um das Freudemachen, um dieses Erwarten des Freudemachens und nicht um diese Nüchternheit: Bekomme ich oder bekomme ich nicht. Da kann ich ja überhaupt nicht mehr träumen.

Im Gegenteil, Sie können träumen. Sie sollten nur nicht erwarten, dass es in Erfüllung geht. Sie sollten dafür sorgen, dass es in Erfüllung geht. Es ist doch viel einfacher. Und egal, was Sie jetzt bekommen, wenn Sie keine Erwartungen haben, ist es eine Überraschung. Das heißt, das Leben hat ständig Geschenke für Sie, denn Sie haben es nicht erwartet. Sie bekommen hier eine Überraschung und dort eine. Jeden Tag werden Sie vom Leben beschenkt, wenn Sie aufhören zu erwarten.

Aber dann muss ich in meinem Inneren denken: Es kommt etwas Positives auf mich zu.

Wozu, es kommt doch. Es ist doch früh genug, sich zu freuen, wenn es passiert.

Es ist dann doch auch eine erfüllte Erwartung.

Nein, Sie brauchen nichts mehr zu erwarten. Sie brauchen nur noch wie ein Kind durch das Leben zu gehen und zu sehen, wo etwas geschieht, und sich darüber freuen, wenn es geschieht. Dann sind Sie auch nicht enttäuscht, wenn es nicht geschieht. Sie gehen einfach voller Freude durch das Leben.

Dazu möchte ich etwas sagen: Ich gratuliere auch jemandem zum Geburtstag und erwarte nicht, dass sie mir gratuliert. Es hat sich schon mehrmals so entwickelt. Ich werde ihr zu ihrem Geburtstag wieder gratulieren und etwas schenken. Ich glaube, irgendwann wird sie erkennen, dass sie mir eine Freude macht, wenn sie mir gratuliert. Aber ich gratuliere meiner Bekannten nicht aus dem Bewusstsein heraus, dass sie mir beim nächsten Mal gratulieren sollte. Ich tue es wirklich aus reiner Nächstenliebe.

Wenn Sie wirklich dem Anderen aus reiner Nächstenliebe gratulieren, sind Sie erfüllt, sind Sie beschenkt, haben Sie die Freude, dem Anderen ein Geschenk gemacht zu haben. Alles ist in Ordnung. Alles ist ausgeglichen. Es gibt keinen Grund, enttäuscht oder traurig zu sein, wenn wir wirklich ehrlichen Herzens etwas tun. Und das sollten wir tun.

Dann kann ich die Vorfreude überhaupt streichen. Ich kann mich auf ein Ereignis sehr freuen, z. B. auf ein Konzert. Wenn ich jetzt nichts erwarte, wie kann ich mich dann freuen? Ich kann mich also schon freuen, aber nichts erwarten?

Ganz genau. Sie haben es wunderbar gesagt. Sie sollten sich freuen, aber nichts erwarten. Sie freuen sich, dass es möglich ist, dass es sehr wahrscheinlich ist, dass Sie in dieses Konzert gehen werden, dass Sie diesen Urlaub machen werden, dass der Besuch kommen wird. Sie freuen sich darauf, aber wenn es nicht ist: „Aha, es war diesmal nicht, also ist es ein anderes Mal."

Viele Menschen sagen: „Och, und dabei habe ich mich so darauf gefreut." Ich antworte dann jedes Mal: „Na und, ist das nichts? Sie haben sich gefreut."

Vielleicht verstehe ich Sie falsch. Für mich ist das irgendwie eine pessimistische Haltung, dem Anderen oder der Umwelt gegenüber.

Worin liegt der Pessimismus? Schauen wir es uns an.

Wenn ich nichts erwarte, bin ich tot.

Das denken Sie, probieren Sie es aus. Manche Leute denken auch, wenn ich mich nicht mehr ärgere, bin ich tot. Man muss sich noch irgendwo bewegen.

Es gibt so viel gute Emotionen, gerichtete, wohl tuende, dass ich spüre, ich lebe. Wenn ich ohne Erwartungen durch das Leben gehe, gebe ich dem Leben ständig Gelegenheit, mich zu beschenken. Wenn ich mit Erwartungen durch das Leben gehe, enge ich das alles ein auf eine Sache. Und selbst, wenn ich sie dann bekomme, bin ich auch nicht so recht glücklich. Denn wenn ich es wirklich erwartet habe, ist keine Überraschung mehr möglich. Sie bekommen es dann, mehr ist es nicht.

Probieren Sie es aus.

Wie definieren Sie den Unterschied zwischen Erwartung und Vorfreude?

Die Vorfreude sieht eine Möglichkeit, dass etwas ganz Konkretes auf einen zukommt: Ich bekomme wahrscheinlich einen Blumenstrauß. Wir gehen vielleicht ins Konzert. Wir fahren mit dem Auto weg. Wir gehen schwimmen. Wenn ich das nicht erwarte, sondern als Möglichkeit auf mich zukommen sehe, kann ich mich freuen, kann ich mich wochen-, monatelang darauf freuen und bin dann auch nicht enttäuscht, wenn es nicht geschieht, weil das Konzert doch ausverkauft ist, oder jemand krank geworden ist. Ich habe mich darauf gefreut und freue mich, wenn es irgendwann sein wird. Ich kann voller Vorfreude sein. Ich sollte nur nicht erwarten: Dann geschieht das. Sonst bin ich enttäuscht, wenn es nicht geschieht.

Im Leben muss doch eine gewisse Ebbe und Flut sein.

Aber es kann eine freudige Ebbe und Flut sein. Es muss doch nicht Ärger und Enttäuschung sein. Lassen Sie sich vom Leben überraschen. Sie werden Ebbe und Flut erleben. Sie werden größere und kleinere Überraschungen erleben, und manchmal werden Sie ganz überrascht sein, dass nichts passiert. Aber überrascht werden Sie auf jeden Fall.

Und wieder etwas zur seelischen Gesundheit: Lösen Sie Ihre Einstellung zur Enttäuschung auf. Wir müssen eigentlich jedem Menschen dankbar sein, der uns enttäuscht. Wie der Name schon sagt: Eine Täuschung wird beendet. Wir haben in der Täuschung gelebt, dass es so und so sei. Jetzt wird die Täuschung beendet. Ich werde enttäuscht. Wenn mich jemand enttäuscht, müsste ich ihm eigentlich um den Hals fallen, ihn abküssen und sagen: „Danke, du hast mir die Wirklichkeit vor Augen geführt. Du hast mich ent-täuscht. Jetzt endlich lebe ich in der Wirklichkeit. Jetzt weiß ich, wie es wirklich ist. Jetzt kann ich auch damit umgehen. Danke für die Enttäuschung."

Aber was machen wir? Wir sagen: „Ich habe so an ihn geglaubt. Ich habe ihm so vertraut. Und jetzt hat er eine Freundin." Es kann auch umgekehrt sein. Es gilt immer für beide Partner.

Was habe ich wirklich getan? Habe ich ihm so vertraut? Nein, ich habe mir eine bestimmte Vorstellung gemacht, wie er zu sein hat, habe ihn in diese Vorstellung hineingezwängt und wehe, er entspricht meiner Vorstellung nicht.

Eines Tages stelle ich fest, er entspricht meiner Vorstellung nicht. Er entspricht seiner Vorstellung. Ja, jetzt bin ich ent-täuscht. Aber jetzt erst lebe ich in der Wirklichkeit. Ich habe den anderen unfrei gemacht. Ich habe ihn eingesperrt in meine Projektion. Jetzt hat er es anders gemacht, denn er ist frei.

Wir müssen lernen, mit dieser Wirklichkeit umzugehen.

Genauso ist es mit Stress. Wir sagen: „Wir leben in einer Zeit, wo es so viel Stress gibt." Wo gibt es denn Stress? Wodurch entsteht Stress? Wieder erkennen wir: Stress kann nie von außen an uns herangetragen werden. Niemand kann einen anderen in Stress versetzen, es sei denn, der andere lässt es zu. Das geht natürlich. Aber die meisten Menschen machen es selbst. Sie versuchen nämlich, in einer bestimmten zur Verfügung stehenden Zeit mehr zu tun, als man in dieser Zeit tun kann und geraten dann in Stress. Diese Menschen beschweren sich dann: „Der Chef hat mir die Arbeit hingelegt. Die Kollegin ist in Urlaub. Das hat mich in Stress versetzt." Überhaupt nicht. Der Chef kann die Arbeit hinlegen. Die Kollegin kann in Urlaub sein. Ich brauche nie in Stress zu geraten. Es gibt ein einfaches Rezept, es zu ändern. In dem Moment, also bevor es soweit ist, wo Sie spüren, Sie werden nervös, es könnte Stress werden, machen Sie eine Minute Ruhe, machen eine Liste: Was ist alles zu tun? Schreiben Sie alles auf und setzen Sie Prioritäten: Was ist das Wichtigste, Zweitwichtigste, Drittwichtigste? Sie ordnen die einzelnen Punkte neu und fangen jetzt mit Punkt 1 an, als hätten Sie sonst nichts an dem Tag zu tun. Wenn der Punkt 1 optimal erledigt ist, machen Sie Punkt 2. Wenn auch der erledigt ist, bearbeiten Sie noch Punkt 3. Falls noch Zeit ist, nehmen Sie sich Punkt 4 vor. Wenn keine Zeit ist, ist eben Feierabend, und die übrigen Punkte kommen in den nächsten Tagen dran.

Nun sagt jemand: „Meine Arbeit ist mit der Methode nicht zu schaffen." Es kann sein, dass er Recht hat. Nur, dann ist sie auch mit keiner anderen Methode zu schaffen. Dann hat er sich einfach zu viel vorgenommen. Dann muss er lernen, was in einer zur Verfügung stehenden Zeitspanne tatsächlich realistisch zu schaffen ist.

Einen Vorteil hat diese Methode: Es ist wenigstens das Wichtigste erledigt, und das weniger Wichtige bleibt liegen. Und am nächsten Tag können Sie neu bestimmen, ob das heute weniger Wichtige vielleicht wichtiger geworden ist.

Das habe ich von meinem Lehrmeister gelernt. Er hat mir immer gesagt: „Arbeite ruhig und gediegen, und was nicht fertig wird, bleibt liegen.“ Das habe ich getan.

Ich möchte noch ergänzen: Man sollte noch unterscheiden zwischen dem, was wichtig, und dem, was dringend ist.

Wichtig kann sein, dass die Buchhaltung in Ordnung ist; aber dringend ist vielleicht, dass ich einen Termin nicht versäume.

Wir müssen also zwischen Wichtigem und Dringendem unterscheiden. Mitunter kann etwas Wichtiges dringend werden und etwas Dringendes wichtig. Deswegen entscheiden wir jeden Tag neu aus der Liste der Dinge, die getan werden müssen, was ist das Wichtigste oder Dringendste, und das wird getan. Dann haben Sie wenigstens die wichtigen bzw. dringenden Dinge erledigt.

Erkennen wir daraus: Stress ist die Folge einer falschen inneren Einstellung. Ich habe einen falschen Maßstab. Ich will mehr, als zu schaffen ist. Wenn ich es loslasse – als Gott die Zeit geschaffen hat, hat er von Eile nichts gesagt – und mir das vor Augen halte, dann lasse ich einfach Arbeit durch mich geschehen.

Ein Beispiel: Ein Tonga-Häuptling hat vor siebzig Jahren zum ersten Mal die Weißen besucht und anschließend seinem Volk über die sonderbaren Gebräuche der Weißen berichtet. Unter anderem informierte er vor siebzig Jahren auch über die Einstellung zur Zeit. Er sagte: „Der Papalagi,“ so heißt der weiße Mann in seiner Sprache, „beklagt sich immer und jammert, wenn eine Stunde herum ist. Dabei beginnt doch sofort eine neue.“

Es war noch nie eine Stunde herum, ohne dass eine neue begonnen hätte. Er hat es nicht begreifen können, was der weiße Mann eigentlich will. Wenn wir ein bisschen in sein Denken hineingehen können, werden wir sehen: Es ist eigentlich wahr. Also was wollen wir? Wir haben die Ewigkeit vor uns. Alles das, was wir jetzt als so dringend und wichtig empfinden: Wie werden wir darüber im nächsten Jahr denken? Ist es dann auch noch so wichtig?

Ich habe ein Beispiel: Als ich umzog, habe ich aus meiner alten Praxis alles weggeworfen, was nicht wichtig war. Auch was ich vielleicht noch einmal hätte gebrauchen können, was ich aber nicht sicher wusste, habe ich weggeworfen. Ich habe nur das Wichtigste in einem bestimmten Schreibtisch eines der neuen Behandlungszimmer abgestellt. Nach fünf Jahren kam ich zum ersten Mal wieder auf die Idee, in den Schreibtisch zu sehen. Ich habe nichts davon vermisst, was darin war, was mir zuvor als so wichtig erschien. Daran habe ich gesehen, wie wenig man wirklich braucht.

Das erinnerte mich an Diogenes. Er hatte nur zwei Dinge, sein Fass und einen Becher, aus dem er trank. Als er eines Tages entdeckte, dass er auch aus der hohlen Hand trinken kann, hat er den Becher auch noch hingegeben als unnötig, er brauchte ihn nicht wirklich.

So können wir erkennen, dass wir sehr viel mehr loslassen können, weil wir es gar nicht wirklich brauchen.

Wir haben gesagt: Das Denken verändert unser Bewusstsein. Und unser Bewusstsein bestimmt einmal den Gesundheitszustand dieses Körpers, zum anderen unser Schicksal. Also ist es ein ganz wichtiger Faktor, und wir müssen lernen, mit diesem Bewusstsein möglichst optimal umzugehen. Das kann man auf verschiedene Arten tun. Wir haben zuvor gesehen, dass allein so ein Strich uns stärken oder schwächen kann, je nachdem wie man ihn anschaut. So sind es Tausende Faktoren im Laufe des Tages, die uns stärken oder schwächen.

Es wäre also doch hilfreich, wenn wir zunächst einmal die Konsequenz ziehen würden, möglichst viele von den schwächenden Faktoren aus unserem Leben zu entfernen und möglichst viel stärkende Faktoren in unser Leben zu ziehen. Wir können auf diese Art und Weise mithilfe des Armtestes alles testen, alle Faktoren unseres Lebens, ganz gleich, was Sie wollen.

Praxistest im Seminar:

Nehmen wir einmal etwas ganz Wichtiges, die Einstellung zum Beruf.

Wen darf ich einmal nach seinem Beruf fragen?

Zunächst einmal wieder den Grundtest.

Halten! Jawohl, das ist richtig stark.

Verraten Sie uns einmal Ihren Beruf?

Mechanikermeister.

Halten!

Das ist wohl nicht Ihr Beruf.

Was macht Ihnen denn Spaß im Leben? Was machen Sie nach Feierabend? Was machen Sie gern?

Ich lese gern.

Darf ich noch einmal testen? Was machen Sie gern?

Ich lese gern.

Halten! Jawohl, er liest wirklich gern.

Die meisten Menschen testen schwach, wenn sie ihren Namen sagen, weil sie mit sich nicht einverstanden sind. Darf ich Sie auch einmal danach fragen? Wie heißen Sie? Testen wir zuerst einmal den Familiennamen.

Ich heiße Sperber.

Halten! Ja, der testet stark. Da sind anscheinend keine Probleme. Und wie ist Ihr Vorname?

Ich heiße Adolf.

Weil Sie gerade lachen, darf ich Ihnen noch eins verraten: Lachen stärkt. Lachen Sie so oft wie möglich. In Amerika hat jemand einen wissenschaftlichen Versuch gemacht. Er war unheilbar krank und hat gesagt: „Dann will ich wenigstens lachend sterben." Er hat sich alle lustigen Filme besorgt. Er ist gesund geworden. Er hat sich gesund gelacht. Es ist eine neue Therapie. Inzwischen wissen wir, dass Lachen stärkt. Hier wollen wir aber einen Test machen, deswegen einen Moment wieder Neutralität.

Sagen Sie bitte noch einmal Ihren Vornamen.

Ich heiße Adolf.

Halten! Mit Anstrengung geht es gerade noch.

Wir sehen hier: Die meisten Menschen werden mehrmals am Tag mit ihrem Namen angesprochen. Wenn es Sie schwächt, können Sie sich vorstellen, was dann passiert? Jedes Mal, wenn Sie Ihren Namen selbst sagen, oder ein anderer sagt Ihren Namen, nimmt es Ihnen die Energie weg. Natürlich sind Sie abends fertig. Daher muss ich so etwas Einfaches lernen und in Harmonie mit mir leben. Ich muss auf meinen Namen stark testen.

Darf ich zu diesem Versuch noch jemanden bitten? Sind Sie verheiratet?

Ich bin Witwe.

Wollen wir zuerst den Grundtest machen. Halten! Prima.
Sagen Sie zuerst einmal Ihren Vornamen.

Ich heiße Marie-Antoinette.

Halten! Schon schwächer.
Schauen wir uns einmal den Nachnamen an. Wie heißen Sie?

Ich heiße Fuchs.

Halten! Ja, das geht besser. Mit Marie-Antoinette ist etwas nicht in Ordnung.

Mein Rufname ist nur Antoinette.

Wollen wir einmal sehen, ob Sie auf Ihren Rufnamen stark testen.
Halten! Jawohl, da ist sie stark!
Wir können noch etwas machen. Wir haben gerade gesehen, Marie-Antoinette schwächt noch. Denken Sie doch einfach einmal: „Ich liebe Marie-Antoinette." Sie brauchen es nicht laut zu sagen. Sie machen es sich nur selbst bewusst.
Halten! Danke, jetzt fühlen Sie sich stark.

Das sollten Sie tun. Sie sollten Ihren Namen in Ordnung bringen. Denn überlegen Sie einmal, zehn-, zwanzigmal am Tag hört man seinen Namen am Telefon oder man sagt ihn irgendwo, man schreibt ihn. Und jedes Mal sind es Möglichkeiten, sich zu stärken, wieder ein bisschen stärker hervorzugehen, wenn wir das richtig nutzen. Wann immer wir schwach testen, ändern wir unser Bewusstsein. Ändern wir ganz bewusst unsere Einstellung zu uns selbst, dann testen wir stark.

Wir testen auch sofort stark, wenn wir uns z. B. bewusst machen:

Ich (Vorname) bin unsterbliches Bewusstsein. Oder:

Ich bin ein Aspekt Gottes.

Wenn ich also mit meinem Namen bisher schwach teste, mache ich mir das ein paar Mal bewusst, kann es auch jeden Morgen tun, und nach einiger Zeit brauche ich es nicht mehr zu tun. Mein Potenzial in Verbindung mit meinem Namen stärkt mich.

Gott mit Franz schafft alles.

Das erinnert mich: Ein Spaziergänger geht am Garten einer Villa vorbei. Alles war so super gepflegt. Er sah den Besitzer im Garten arbeiten und sagte: „Der liebe Gott und Sie haben es wirklich ganz toll gemacht.“ Worauf der Besitzer antwortete: „Dann hätten Sie es einmal sehen sollen, als der liebe Gott es noch allein bewirtschaftet hat.“

Schmerzauflösung durch das Wort:

Im Augenblick haben wir eine wohl tuende Atmosphäre. In der können Sie richtig baden. Sie richtet Ihr Bewusstsein aus, sie richtet jede Zelle Ihres Körpers aus. Es macht gesund. Es macht geistig, seelisch und körperlich gesund. Das ist es, was wir miteinander tun.

Man kann aber auch Schmerzen einfach nur durch das Wort beseitigen. Hat jemand Kopfschmerzen?

Könnten Sie ein bisschen näher mit Ihrem Stuhl kommen? Setzen Sie sich einmal ganz ruhig hin. Ich zeige Ihnen jetzt, wie es geht. Wir lösen den Schmerz nur mit dem Wort auf, indem wir unser Bewusstsein darauf richten.

Sie schließen einmal die Augen und schauen einmal hin, wie groß der Schmerz ist.

Er geht die Wirbelsäule herunter.

Und wie lang ist der Schmerz? Sie lassen die Augen geschlossen, schauen dauernd auf diesen Schmerz.

Der Schmerz ist einen Meter lang.

Wie dick ist der Schmerz?

Oben ist er 10 cm und unten ist er 5 cm dick:

Welche Form hat der Schmerz? Ist er rund oder eckig?

Der Schmerz ist mehr eckig.

Der Schmerz ist also einen Meter lang, eckig, oben 10 cm, unten 5 cm dick.

Welche Farbe hat der Schmerz?

Die Farbe ist grau.

Wo fängt der Schmerz oben an?

In Augenhöhe fängt der Schmerz an und geht bis zum Ende der Wirbelsäule.

Schauen Sie noch einmal hin, wie lang der Schmerz in Zentimetern ist.

Es ist ungefähr ein Meter.

Wie fühlt sich dieser Schmerz an?

Fest und hart.

Schauen wir jetzt noch einmal die Form an: Wie ist die Form jetzt oben?

Trapezförmig.

Wie ist das Maß in Zentimetern? Schauen Sie genau hin.

Jetzt wird der Schmerz heller.

Wie sieht es jetzt am Ende des Schmerzes aus?

Unten wird er kugelförmig, rund.

Wie sieht die Farbe jetzt aus?

Die eine Seite wird jetzt heller.

Jetzt lassen Sie das Helle von der einen Seite den ganzen Schmerz, die ganze Form durchdringen. Lassen Sie es einfach einmal ganz hell werden. Spüren Sie einmal, wie es heller wird.

Und jetzt schauen wir uns noch einmal an, wie die Form oben aussieht.

Oben ist es ziemlich hell geworden.

Welche Form hat der Schmerz jetzt oben angenommen?

Er wird kreisförmig.

Jetzt lassen wir das Helle von oben langsam durch die ganze Wirbelsäule nach unten gehen. Das Helle geht wie eine Lichtkugel von oben langsam durch die Wirbelsäule und lässt es überall ganz hell werden. Lassen Sie das kugelförmige Licht einfach einmal hell werden. Es geht von den Augen durch die ganze Wirbelsäule und macht es überall ganz hell, lässt es auch unten ganz hell werden. Wenn es unten ganz licht ist, lassen Sie diese Lichtkugel wieder aufsteigen und lassen es noch heller werden. Allmählich lassen Sie auch die Form sich auflösen. Gehen Sie einmal mit dieser Lichtkugel hoch bis zu den Augenlidern. In den Augen lassen Sie durch dieses Licht jetzt den Schmerz schmelzen. Sie schauen zu, wie der Schmerz im Licht schmilzt, wie Schnee in der Sonne abtropft, herunterfließt. Dieses Licht schmilzt den Schmerz.

Schauen Sie jetzt, ob jetzt noch eine Form da ist.

Der Schmerz ist noch kugelförmig. Die Form geht nicht so schnell weg.

Solange Sie das glauben, geht es nicht. Ich weiß, Sie können den Schmerz in wenigen Sekunden los sein. Sie brauchen ihn nur loszulassen. Sind Sie bereit, den Schmerz loszulassen?

Ich bin zu schwach dazu.

Zu schwach sind Sie nicht. Sind Sie bereit dazu? Wollen Sie den Schmerz loslassen?

Ich möchte ihn loswerden.

Gut, Sie wollen ihn wirklich loswerden. Dann nehmen Sie jetzt einmal Ihren Schmerz, und gehen Sie einmal mit mir auf eine Wiese. Und ganz in der Ferne sehen Sie eine Lichtgestalt. Das ist Gott. Sie gehen mit Ihrem Schmerz in der Hand immer näher auf Gott zu. Wie weit ist er noch entfernt?

Ein Stückchen noch.

Dann sind Sie schon in seinem Licht. Treten Sie in sein göttliches Licht ein. Gehen Sie ganz nah zu ihm hin, und geben Sie ihm Ihren Schmerz.

Sagen Sie: „Ich brauche ihn nicht mehr. Darf ich ihn dir zurückgeben?" Schauen Sie einmal, was geschieht.

Ich fühle mich jetzt besser.

Gehen Sie jetzt noch einmal mit der Lichtkugel durch den Körper, und sammeln Sie die ganzen Schmerzformreste, die vielleicht noch da sind, ein. Sammeln Sie alles ein, was in der Wirbelsäule ist.

Lassen Sie die Lichtkugel wie einen Staubsauger von den Augen an alles einsammeln. Wenn Sie alles zusammen haben, dann entzünden Sie ein Feuer, das Feuer Ihrer Liebe. Und in dieser Liebe verbrennen Sie jetzt die Reste Ihres Schmerzes. Werfen Sie die Reste in das Feuer, und schauen Sie, wie es hell auflodert, wie die Form verbrannt wird, sich im Feuer auflöst. Gehen Sie noch einmal mit dem Licht die Wirbelsäule hinauf und herunter, und schauen Sie, ob alles in Ordnung ist. Wie sieht es jetzt aus?

Etwas besser, aber es geht nicht so schnell weg.

Danke! Haben Sie es gehört? Ich freue mich, dass das einmal vorgekommen ist. Ich habe es bisher noch nie gehabt. Der Glaube setzt ihr Grenzen: „So schnell geht es bei mir nicht weg.“ Damit ist eine Heilung nicht möglich. Nicht, weil eine Heilung generell nicht möglich ist. Sie ist ganz leicht möglich. Es hätte schon vor ein paar Minuten erledigt sein können; aber sie lässt es nicht zu. Das heißt, der Glaube setzt ihr Grenzen. Das ist es, was Jesus auch immer wieder erlebt hat. Er konnte vielen nicht helfen ob des Unglaubens der Menschen. Genau das geschieht.

„Ich kann nicht glauben, dass ich das loslassen kann.“ Das war es, was ich damit gemeint habe: Lernen wir glauben. Wir können alles loslassen. Wir können ganz leicht und frei sein, vorausgesetzt, dass wir uns dessen wert fühlen, dass wir es wirklich glauben können. Ohne das kann niemand helfen. Wir müssen uns immer wieder vor Augen führen: Es gibt keine unheilbaren Krankheiten; aber es gibt durchaus unheilbare Menschen. Mit Ihren Glaubenssätzen behalten Sie immer Recht.

Kann ich dies auch anwenden, wenn mir sehr schwindelig ist?

Natürlich! Befehlen Sie doch einfach Ihrem Körper, gesund zu sein. Schicken Sie Licht durch Ihren Körper, und sagen Sie jeder einzelnen Zelle, was sie zu tun hat. Gehen Sie in Harmonie mit dem Leben.

Oder gehen Sie auf die Wiese oder auf einen Berg, begegnen Sie Gott, und fragen Sie ihn: „Was kann ich tun gegen meinen Schwindel oder gegen mein Kreislaufproblem?"

Mit meinen Rheumaschmerzen geht es sicher auch.

Ob es Rheumaschmerzen sind oder ganz gleich, was es ist, ich kann es auf diese Art und Weise auflösen.

Geht es auch in jeder Altersstufe?

Selbstverständlich geht es auch in jeder Altersstufe. Die einzige Grenze, die da ist, ist der Glaube. Und der Einzige, der diesen Glauben begrenzt, sind Sie.

Wenn Jesus jemandem helfen sollte, hat er immer gefragt: „Glaubst du?" Warum? Weil er die geistigen Gesetze kannte und wusste: Wenn der andere die Heilung nicht zulässt, darf sie nicht erfolgen. Er sagt ja auch: „Ich bin nicht gekommen, um das Gesetz zu brechen, sondern, um es zu erfüllen." Das bedeutet, er hat die Grenzen des Glaubens respektiert.

Und anschließend hat er nicht gesagt: „Ich habe dich geheilt." Er hat gesagt: „Dein Glaube hat dir geholfen." Denn der Glaube verwirklicht alles. Alles, woran ich fest glaube, muss in Erscheinung treten. Wenn ich glaube, dass man etwas so einfach nicht loslassen kann, dann muss auch das in Erscheinung treten. Man kann es dann einfach nicht loslassen. Auch das ist jetzt eine Glaubensheilung.

Wenn also jeder fest an sich glaubt, kann er sich selbst heilen, und ein Arzt ist überflüssig.

Ein Arzt hat ohnehin noch nie eine Krankheit geheilt. Ein Medikament kann es auch nicht. Der Arzt ist ein Helfer des Patienten, der ihm hilft, die richtige Einstellung zu gewinnen, die richtigen Dinge zu tun, damit die Heilkraft wirken kann.

Dann muss auch jeder Arzt psychologisch geschult sein.

So sollte es sein. Er sollte mehr sein. Er sollte ein Priester-Arzt sein. Er sollte dem Anderen helfen, das richtige Weltbild zu haben, die richtige geistig-seelische Haltung, die richtigen Gedanken. Er sollte ihm helfen, sich auszurichten, um aus diesem Gerichtetsein heraus gesund zu werden.

Glauben Sie, dass unterirdische Quellen, unterirdische Ströme, Magnetfelder, Energiefelder auf das Wohlbefinden, den Gesundheitszustand, eines Menschen einen Einfluss haben?

Sie haben es gerade gesagt. Der Mensch ist ein Energiefeld. Wenn er in den Wirkungsbereich eines anderen Energiefeldes kommt, ganz gleich, wie stark das Feld ist, wird er darauf stärker oder schwächer reagieren. Das ist ganz sicher. Aber das stärkste Energiefeld ist er selbst, sein Bewusstsein. Und sein Bewusstsein wäre das beste Abschirmgerät. Er kann mit seinem Bewusstsein natürlich alles neutralisieren.

* **Meditation im Seminar:**

Wenn Sie möchten, gehen wir noch einmal miteinander in die Stille.

Ich lasse meinen Körper wieder los, schließe meine Augen und lasse mich in mich hineinsinken. Ich sinke einfach in mich hinein, ganz gleich, was außen ist. Ich habe die Außenwelt losgelassen und ruhe in mir.

Und während ich in mir ruhe, stelle ich mir einmal vor, meine Wirbelsäule verlängert sich wie eine Wurzel in die Erde. Meine verlängerte Wirbelsäule reicht ganz tief in die Erde wie eine Wurzel. Und über diese Wurzel lasse ich jetzt Kraft von Mutter Erde in mich einfließen. Ich spüre, wie die Kraft aus der Erde jede Zelle meines Körpers stärkt und erfüllt, wie diese Kraft aus der Erde durch meinen Körper hindurchfließt und oben aus dem Kopf hinaus in den Kosmos fließt.

Und so lasse ich diese Erdkraft immer stärker fließen. Ich ziehe mit meiner verlängerten Wirbelsäule diese Kraft aus der Erde, lasse mich davon stärken und erfüllen, lasse sie aus dem Kopf in den Kosmos zurückfließen und spüre, wie ich stark werde, wie ich gesund werde, wie meine Widerstandskraft steigt und ich mich wohl fühle.

Und während ich diese Erdkraft weiterfließen lasse, lasse ich jetzt einmal aus dem Kosmos über meinen Kopf kosmische Energie in mich einströmen. Und ich spüre, wie diese kosmische Lichtenergie jede Zelle meines Körpers durchlichtet, reinigt, klärt. Und über die verlängerte Wirbelsäule lasse ich diese kosmische Energie in die Erde fließen. Ich spüre einmal ganz bewusst das Fließen beider Energien und spüre, wie beides mir gut tut, mich stärkt und erfüllt. Ich spüre, wie von diesen beiden Energien jede Zelle meines Körpers gerichtet und durchlichtet wird; spüre, wie ich immer mehr stimme, in Harmonie bin mit der Schöpfung und so eins bin mit dem Leben.

Und ich lasse beide Energien weiterfließen, solange ich sie brauche, lasse zu, dass sie mein ganzes Sein durchlichten, klären und stärken. Ich komme jetzt zurück an die Oberfläche des Seins, zurück ins Hier und Jetzt. Sobald ich bereit bin, öffne ich meine Augen und bin wieder ganz bewusst im Hier und Jetzt.

Auch diese Übung können Sie jederzeit machen, wenn Sie Energie brauchen, wenn Sie Bedenken haben, sich anzustecken, wenn Sie nicht gerichtet genug sind, wenn Sie Ihren Körper durchlichten wollen. Jederzeit und überall ist sie machbar. Erkennen wir einfach: Wenn irgendetwas nicht stimmt in meinem Leben, muss ich mich ändern. *Ich muss mich* ändern. Je gerichteter mein Denken ist, desto mehr werde ich das Richtige tun. Ich werde z. B. aus diesem gerichteten Denken heraus von nun an das Richtige zur rechten Zeit im rechten Maß essen. Wenn ich allein das tun würde, würde es einen großen Schritt vorwärts für meine Gesundheit bedeuten. Was ist das Richtige? Es gibt vieles, was richtig ist. Worauf es ankommt, ist, dass es vital ist. Früher gab es Lebensmittelgeschäfte, danach wurden es Nahrungsmittel, und heute sind es Genussmittel. Wir haben den völlig falschen Maßstab. Wir haben vergessen, was Nahrung eigentlich für den Körper bedeutet. Wir haben die Zunge zum Diktator gemacht. Wir essen das, was uns schmeckt. Dabei ist es nur ein paar Sekunden auf der Zunge, ein paar Stunden im Magen und ein paar Jahre auf den Hüften. Wir sollten einen richtigeren Maßstab finden, nämlich das essen, was der Körper wirklich braucht. Die Nahrung ist das

Baumaterial, aus dem der Körper aufgebaut wird. Der Mensch aber ist das einzige Lebewesen, das seine Nahrung erst zerstört, bevor er sie isst, zerkocht, frittiert, konserviert, blanchiert. Alles Mögliche machen wir damit, und es wird immer weniger vital. Wir sollten vitale Kost essen. Vital ist, was ich in die Erde stecken kann, und es lebt. Es wächst etwas daraus, also Körner, Samen, Nüsse. Das wäre vitale Kost. Das, was die Natur freiwillig und ohne Schmerzen hergibt, das sollte unsere Nahrung sein.

Dann haben wir aber nur einen Punkt erfüllt. Es gehört dazu, dass man seinen Körper genügend bewegt. Unseren Großeltern brauchten wir das nicht zu sagen. Sie hatten so viel Arbeit. Sie hatten mehr Bewegung, als sie brauchten. Aber wie sieht unser Tag oft aus? Wir stehen aus dem Bett auf, setzen uns an den Frühstückstisch, gehen aus dem Haus und setzen uns ins Auto, setzen uns an den Schreibtisch, setzen uns an den Kantinentisch, setzen uns zurück an den Schreibtisch, setzen uns wieder ins Auto, setzen uns zu Hause in den Fernsehsessel, anschließend legen wir uns nach diesem anstrengenden Tag ins Bett. Wir brauchen etwas mehr Bewegung. Es genügt nicht, nach dem Essen die Uhr aufzuziehen. Es genügt auch nicht, dass ich den ganzen Tag um meine Existenz ringe oder um Anerkennung kämpfe. Ich muss etwas mehr tun. Ich brauche ausreichende Bewegung.

Für diejenigen, die glauben, keine Zeit zu haben, gibt es ein angenehmes Buch „Fitness für Faule" von Prof. Laurence E. Morehouse, dem Leiter des amerikanischen Astronautenprogramms, der in einigen Jahren Forschung herausgefunden hat, welche Bewegungen lebensnotwendig sind, was an Bewegung wir brauchen. Sie kommen danach mit zehn Minuten am Tag aus, wenn Sie nicht mehr Zeit haben. Das aber muss sein. Dann haben wir uns genügend bewegt.

Der nächste Punkt ist: Wir sollten ausreichend atmen. Es ist ganz erstaunlich, wie viele Menschen vergessen haben, dass die Luft unser Grundnahrungsmittel ist. Ohne zu essen können wir locker sechs Wochen überleben. Ohne zu trinken können wir sechs Tage leben. Aber ohne zu atmen können wir kaum sechs Minuten überleben. Also erkennen wir, dass das Atmen das Wichtigste ist. Dieses Grundnahrungsmittel wird uns von der Schöpfung noch immer kostenlos zur Verfügung gestellt. Wir haben zwar die Qualität etwas vermindert, aber es ist überall noch ausreichend da. Jeder könnte tief atmen, keiner neidet einem anderen einen tiefen Atemzug und sagt: „Ich habe gesehen, du hast eben dreimal ganz tief geatmet, lass das! Ich atme auch nicht so tief." Jeder weiß, dass tiefes ruhiges Atmen dem Körper gut tut, also sollten wir es tun! Wir sollten wieder lernen, richtig zu atmen.

Wir sollten natürlich nicht nur auf unsere körperliche Nahrung achten, sondern uns auch geistig-seelisch richtig ernähren, die richtigen Gespräche führen, die richtigen Bücher lesen, mit den richtigen Menschen zusammen sein, im gerichteten Bewusstsein sein, das Richtige denken, fühlen und tun. Was machen wir? Wir lesen in der Zeitung, wer wieder wen totgeschlagen hat, wer verbrannt worden ist, gefoltert wurde. Allein eine solche Nachricht schwächt Sie sofort. Sie können es sich gar nicht vorstellen: Selbst wenn Sie wissen, dass es nur Spaß ist, und man sagt solche Worte im Spaß, schwächt es Sie.

Praxistest im Seminar:.

Ich möchte das einmal demonstrieren.

Zu wem darf ich ein paar unfreundliche Worte sagen?

Machen wir zuerst wieder den Grundtest.

Halten! Jawohl, Sie testen stark.

Ich muss Ihnen leider sagen, dass Sie die ganze Zeit gestört haben. Alle anderen Teilnehmer sind durch Ihre Anwesenheit gestört worden, und ich wollte Sie schon fast bitten, den Raum zu verlassen. Es hat so einfach keinen Zweck, weil Sie die anderen bloß stören.

Halten! Und schon geht der Arm herunter wie Butter.

Obwohl wir wissen und es gesagt haben, dass es nur ein Test ist, hauen diese Worte voll rein und nehmen die Energie weg.

In Wirklichkeit freue ich mich natürlich, dass Sie wieder einmal da sind. Auf Teneriffa hatten wir vor einiger Zeit gemeinsam ein wunderschönes Seminar über das Thema Liebe. Ich freue mich immer wieder, wie intensiv Sie mit den Themen umgehen, wie ehrlich Sie sich damit auseinandersetzen, wie Sie sich bemühen, das Wissen in Ihrem Leben praktisch zu verwerten. Es ist sehr schön, das mitzuerleben. Ich kann nur hoffen, dass möglichst viele es so intensiv und so ehrlich machen, wie Sie es tun.

Halten Sie noch einmal den Arm hoch!

Danke, so stimmt der Energiefluss wieder.

Wir sehen, wie ein achtloses Wort, sogar bewusst im Spaß gesagt, vom Unterbewusstsein registriert wird und uns die Energie nimmt. Wir müssen daraus lernen, unsere Worte sorgfältiger zu wählen. Wenn wir wissen, dass ein Wort, selbst aus Spaß gesagt, solche Wirkungen hat, dann sollten wir uns bemühen, möglichst positiv für den anderen zu sprechen.

Überlegen Sie einmal, wie viele Ihrer Worte, die Sie an jemanden richten, wirklich für ihn gemeint sind, sodass Sie überzeugt sind, das Gesagte ist für den anderen wichtig, das ist für ihn gut, das ist für ihn hilfreich. Ich mache ihm jetzt diese Worte zum Geschenk.

Lernen wir wieder einmal, Wortgeschenke zu machen, und alles andere lassen wir weg. Immer wieder frage ich Menschen: „Warum sagen Sie das jetzt? Ich will es nicht wissen. Es hilft mir nicht. Ich brauche es nicht.“ „Na ja, man wird sich doch noch unterhalten dürfen“, ist die Antwort. Ich sage dann: „Prima, unterhalten gern, aber sagen Sie wirklich etwas, was mich unterhält, nicht etwas, was Sie loswerden wollen.“ Niemand käme auf die Idee, seinen Müll, den er in der Küche nicht mehr braucht, dem Nachbarn über den Zaun zu schütten. Aber mit Worten machen wir das. Das, was uns in den Sinn kommt, geben wir dem Anderen ins Bewusstsein. Und wenn wir wirklich einmal glauben, ganz höflich zu sein, dann sagen wir: „Darf ich Sie einmal etwas fragen?“ Wir warten gar nicht, ob der andere Ja sagt. Er hat gefälligst ja zu sagen. Dann fangen wir an zu fragen und sind ganz überrascht, wenn der andere sagt: „Moment, ich habe noch gar nicht gesagt, ob ich es möchte.“ Wir merken gar nicht mehr, wie unhöflich wir sind, was wir da tun. Wir geben einfach das, was wir loswerden wollen, dem Anderen ins Bewusstsein. Soll er doch sehen, wie er damit klarkommt. Und das sollten wir nicht mehr tun. Wenn es andere tun, sollten wir es nicht mehr zulassen. Wir sollten einfach fragen: „Warum sagst du mir das? Wieso glaubst du, dass das für mich wichtig ist? Und wenn du eine Frage an mich hast, dann stiehl mir nicht meine Zeit, sondern gib mir Gelegenheit, dir meine Zeit zu schenken. Frage mich, ob ich bereit bin für eine Frage, warte ab, ob ich bereit bin, und akzeptiere meine Entscheidung.“

Wir sollten wieder achtsamer miteinander umgehen. Auch damit verbessern wir die Welt. Aber was tun wir? Wir hoffen auf irgendwelche Wunder.

Jeder erlebt zum Beispiel Krankheit anders. Der Kranke hofft auf eine medizinische Kapazität. Wenn er alle durchprobiert hat, auf ein Wundermittel. Wenn das nicht hilft, hofft er auf einen Hypnotiseur oder Geistheiler, auf jeden Fall auf jemanden, der ihn von den Folgen seines falschen Tuns befreit, damit er genauso falsch weiterleben kann. Und das kann natürlich nicht funktionieren. Das gibt es nicht. Der Körper lässt sich nicht betrügen.

Der Arme möchte schnell reich werden; am besten durch einen Lottogewinn, wo der eigene Einsatz gering und das Ergebnis großartig ist. Der Einsame will seinen Idealpartner finden, ohne sich Gedanken zu machen, ob er denn ein idealer Partner ist, oder ob er vielleicht zuerst etwas an sich tun müsste.

Kurzum, ganz selten fragt sich jemand, warum er unter diesen Umständen lebt, und was er tun könnte, um diese Umstände zu ändern. So erlebt jeder seine Krankheit auch anders. Der Materialist erlebt sie als sinnlos, deprimierend. Seinen Körper erlebt er als eine Art Spielverderber, mit dem man eben Glück oder Pech hat.

Es gibt Leute, die Erd- und Wasserstrahlen messen und damit einem anderen helfen, indem sie ihm einen neuen Schlafplatz zuweisen, d.h. sie greifen in die Entwicklung des anderen ein und legen ihn irgendwo unter die Sonne. Was passiert da?

Ein Energiefeld Mensch setzt sich einem Energiefeld Erdstrahlen aus, und die beiden passen nicht zueinander. Es entsteht eine Disharmonie. Jetzt kommt jemand, misst es aus und sagt: „Du, da ist die störende Strahlung. Da drüben wäre ein ruhiger Platz." Der Patient stellt sein Bett um, setzt sich der Störung nicht mehr aus und wird gesund und freut sich seines Lebens.

Krank ist er aber durch die Folge seines Tuns und Denkens geworden?

Natürlich! Wessen sich das Schicksal bedient, ist ganz gleich, manchmal der Erdstrahlen. Vielleicht soll es ihn auch darauf bringen, dass er sein Bewusstsein verändert.

Praxistest im Seminar:

Wir können nun anschauen, was wir durch die Veränderung des Bewusstseins erreichen. Wer hat den Mut, ein Bonbon zu lutschen? Ich möchte nur sehen, ob ein ganz normales Bonbon stärkt oder schwächt.

Darf ich mit dem Grundtest sehen, wie stark Sie sind?

Halten! Das ist richtig stark.

Hier ist ein ganz normales Bonbon, noch verpackt. Sie können genauso gut ein Stück Würfelzucker nehmen und testen. Jeder, der etwas Zucker in den Mund nimmt, testet schwach. Die Zuckerindustrie sagt uns zwar: „Es sind reine Kohlenhydrate, gut für die Nerven."

Lutschen Sie ein bisschen, und tun sie das Bonbon unter die Zunge.

Halten!

Wenn er noch ein bisschen lutscht, ist die Energie noch weiter weg.

Halten!

Es ist noch Energie da, aber es ist auch ein gutes Teil weg.

Machen wir einmal folgendes Gegenexperiment: Wir ändern unser Bewusstsein. Wir setzen jetzt das Bewusstsein ein und neutralisieren die Molekularstruktur des Zuckers. Sie stellen sich vor: Dieser Zucker ist genau das, was mein Körper jetzt braucht. Er ist die Energieform, die mich jetzt stärkt, die mich jetzt kräftig macht, die mir gut tut. Ich bin froh, dass ich dieses Bonbon erwischt habe, denn das stärkt jetzt meinen Körper so richtig.

Halten!

Danke. Alle Kraft ist wieder da.

Wir haben gesehen, ich kann auch auf den Erdstrahlen liegen bleiben. Wenn ich in mein Bewusstsein nehme: Mein Potenzial schirmt mich ab. Es macht mich stark. Diese Schwingung hilft mir. Dann hilft sie mir. Aber ich muss das Bewusstsein halten. Ich kann nämlich jetzt nicht sagen: „Aha, dann kann ich alles Falsche durcheinander essen und denke einfach, es tut mir gut.“ Das muss ich dann auch vierundzwanzig Stunden tun. Und sobald ich es nicht mehr tue, sobald ich nicht mehr daran denke, ist es genauso schädlich wie zuvor. Der Geist siegt über die Materie, aber nur solange er aktiv ist. Wenn er nicht aktiv ist, die Materie ist jedoch aktiv, dann stört sie wie zuvor.

Wir können mit dem Geist die Wirkung von Materie aufheben, aber nur in dem Maße, wie unser Geist stark ist, und solange wir dieses gerichtete Bewusstsein haben. Deswegen ist es doch besser, sich auf einen anderen Schlafplatz zu legen.

Ist es notwendig, eine gewisse Intensität von Glauben zu haben, um z.B. eine Krankheit zu heilen? Bei der Dame ist es nicht ganz gelungen.

Doch, es hat genau ihrem Glauben entsprochen. Es entspricht immer dem Glauben.

Das ist es, womit ich seit Jahren Schwierigkeiten habe. Wie kann ich die Intensität meines Glaubens erhöhen? Es funktioniert seit Jahren nicht.

Zunächst einmal muss ich mich fragen und mir bewusst machen: An was glaube ich eigentlich? Fangen wir einmal oben an: Glauben Sie an Gott?

Ja.

Also, Gott gibt es Ihrer Meinung nach. Ist Gott allmächtig?

Ja.

Ist Gott liebevoll?

Ja.

Er sollte es sein. Jesus hat es zumindest verkündet: Gott ist die Liebe. Wenn Gott liebt, kann es sein, dass er Sie ein bisschen weniger liebt als andere? Könnten Sie das glauben?

Ich bin nicht ganz sicher. Vom Verstand her würde ich Nein sagen.

Überlegen Sie einmal: Dann wäre es ein ungerechter Gott. Er würde seine Liebe etwas ungleichmäßig verteilen. Ich kann es mir nicht vorstellen. Das ist außerhalb meines Glaubens, dass eine Kraft, die ich Gott nenne, so ungerecht ist, dass sie den einen ein bisschen mehr liebt, den anderen ein bisschen weniger. Ich glaube, dass Gott uns alle gleich liebt.

Wenn ich das aber glaube, dann kann ich doch in dieser Geborgenheit SEINER Liebe leben, kann sie mir bewusst machen. Und was kann ich dann nicht glauben? Was wäre etwas, was Sie nicht glauben können? Können Sie glauben, dass Ihre Gedanken stark genug sind, eine Krankheit zu besiegen?

Genau!

Na wunderbar! Sie haben sich doch genau den Beweis erbracht. Die Gedanken waren stark genug, die Krankheit hervorzurufen. Dann müssen sie auch stark genug sein, sie wieder wegzudenken.

Sie haben sie ja hergedacht. Die gleiche Krankheit habe ich mit den gleichen Gedanken geschaffen. Also muss ich doch etwas, was ich mit meinen Gedanken geschaffen habe, mit meinen Gedanken auch wieder auflösen können.

Das ist das Seltsame, dass einem das selten gelingt, manchmal überhaupt nicht. Es liegt uns besser, etwas Negatives zu schaffen als das Positive.

Danke, wunderbar. Sie sind nicht der Einzige. Es gibt ganz viele, denen es genauso geht. Warum? Wir füttern uns täglich mit dem Negativen. Wir hören negative Nachrichten. Wir lesen negative Informationen in den Zeitungen. Wir führen negative Gespräche. Wir denken negative Gedanken. Wir trainieren das Negative. Hören Sie sich doch einmal zu, was Sie so sagen. Wie viel davon ist positiv, wie viel ist negativ. Prüfen Sie die Qualität Ihrer Gedanken, und Sie werden sehen, vieles davon ist negativ. Wir sind geübt im Negativen. Wir können sogar – wie wir es in manchen Seminaren feststellen, wo wir formulieren müssen, was wir wollen – kaum noch positiv formulieren. Machen wir eine Probe auf's Exempel. Was wünschen Sie sich vom Leben am meisten?

Ausgeglichenheit und Harmonie.

Können Sie es einmal in einem Bild sagen? Wie sieht das Bild aus?

Unter Harmonie stelle ich mir vor, dass ich im Einklang mit den positiven Schwingungen Gottes bin.

Wunderbar, danke. Sie haben es sehr schön formuliert. Was könnte Sie davon trennen? Stellt Gott Ihnen diese positive Schwingung nicht zur Verfügung? Ist sie für Sie nicht erreichbar? Hält Gott sie zurück? Wieso können Sie nicht im Einklang mit dieser positiven Schwingung Gottes sein?

Ich falle immer wieder heraus.

Das heißt, Sie sind ab und zu drin?

Können Sie sich auch wieder hineinbringen, wenn Sie herausgefallen sind?

Das ist mehr Glücksache.

Es gibt einige zuverlässige Wege, um eins zu werden mit dieser Schwingung Gottes. Einer ist das Beten oder die Meditation.

Ich glaube, für das Wort Gott hat jeder eine eigene Definition.

Da bin ich Ihrer Meinung.

Wie würden Sie Gott definieren?

Das höchste Prinzip, an das ich glauben kann. Es ist ganz gleich, welche Gestalt, welche Form, welche Vorstellung wir haben. Wir sollen ohne konkrete Vorstellung sein. Wir sollen uns keine Bilder machen. Deswegen brauchen wir auch keine Definition. Ich weiß nicht, ob jemand eine richtigere Definition hätte.

Aber jeder hat irgendeine. Es ist das Höchste, an das er glaubt. Und das, darauf haben wir uns geeinigt, nennen wir Gott. Deswegen kann jeder bei seiner Vorstellung bleiben. Jeder weiß, was gemeint ist, wenn wir Gott sagen. Aber jeder hat ein anderes Bild, eine andere Vorstellung.

Es gibt kein bestimmtes Bild, sondern wir nehmen nur an, was wir glauben können.

Jeder hat seine Vorstellung. Ich möchte kein anderes Bild eingeben. Jeder sollte an seine Vorstellung glauben können.

Man möchte sich aber das Richtige vorstellen.

Es gibt kein Richtig. Gott hat keine bestimmte Form. Gott ist für den einen ein weiser alter Mann mit Bart, für den anderen eine formlose Intelligenz, für den dritten die Kraft der Natur, für einen anderen die Sonne. Jeder mag eine andere Vorstellung haben, und jede ist genauso richtig, wie sie falsch ist, denn es gibt keine Vorstellung. Wenn wir Gott mit unserem Bewusstsein erfassen könnten, wäre er nicht unendlich. Wir versuchen immer wieder, die Unendlichkeit der Schöpfung durch das Nadelöhr unseres Verstandes zu zwängen. Wir wissen, es kann nicht gehen; aber nichtsdestotrotz versuchen wir es immer wieder. Wir sollten diesen Versuch aufgeben. Deswegen sollte man sich kein Bild machen. Aber wir sollten an diese Intelligenz, an diese höchste Kraft glauben. Und wenn wir nicht glauben können, sollten wir uns umschauen und sehen, dass draußen Ordnung ist. Es sind Jahreszeiten da. Wenn gesät wird, wird geerntet. Man kann sich darauf verlassen. Es gibt Naturgesetze. Der Apfel fällt vom Baum. Es gibt Gesetze, auf die wir uns verlassen können. Es ist also Ordnung da. Wo aber Ordnung ist, muss auch eine Kraft, ein Prinzip, eine Energie, eine Intelligenz da sein, die diese Ordnung schafft und erhält. Und die nennen wir Gott. Ganz gleich, wie sie aussieht, wir können sie uns nicht vorstellen. Mit unserem begrenzten Verstand können wir nicht etwas Unendliches erfassen. Dann sollten wir es gar nicht erst versuchen.

Die Intelligenz ist schon eine Vorstellung; die Sie gerade formuliert haben.

Das ist eine Wirklichkeit, die kann ich jederzeit draußen sehen. Ich kann ein Samenkorn in die Erde geben und zuschauen, wie es wächst. Ich sehe, dass etwas geschieht. Wer macht das, dass das geschieht? Ganz gleich, wie ich sie nenne, irgendeine Kraft ist es. Es ist gleich, ob ich an Gott glaube oder nicht. Das ist eine Wirklichkeit. Und an diese Kraft glaube ich.

Für mich habe ich es ein bisschen naiver und ein bisschen einfacher formuliert: Ich glaube, dass ich Gott wichtig genug war, dass er mich geschaffen hat. Also glaube ich auch, dass ich ihm wichtig genug sein werde, dass er mich erhält. Und in diesem Vertrauen lebe ich.

Ich kann also alles vollkommen loslassen. Ich kann sogar mich loslassen. Ich brauche mich auch nicht. Ich brauche diesen Körper nicht. Ich brauche mein Schicksal nicht. Ich brauche meine Gesundheit nicht. Ich brauche meine Zukunft nicht. Ich brauche nichts. Das Einzige, was ich brauche, ist Gott. Ich brauche die Beziehung zu dieser höchsten Kraft. Ich lebe in diesem Glauben. Alles andere kann ich loslassen.

Gott kann mit mir machen, was er will. Er kann durch mich wirken oder nicht. Es ist völlig gleich. Wenn ich losgelassen habe, kann ich Gott durch mich geschehen lassen. Und wenn ich das tue, habe ich meine Angelegenheiten in die besten Hände gegeben, die ich haben kann. Auch wenn es keine Hände sind. Ich habe mich der höchsten Kraft des Universums anvertraut. Bildlich kann ich sagen: „Ich bin in besten Händen." Und das sollten wir tun.

Aber wir pfuschen Gott immer wieder ins Handwerk. Wir sagen: „Ja, gut, dein Wille geschehe. Aber in diesem Fall hätte ich es gern so. Kannst du nicht dafür sorgen, dass meine Schwiegermutter wieder abreist, oder dass ich gesund werde, oder dass mein Kind in der Schule in Erdkunde eine Eins schreibt?“ Es soll zwar SEIN Wille geschehen, aber bitte auf unsere Art. Wir wollen Gott sagen, wie dieser Wille aussehen soll.

Die Mutter hörte abends, wie ihr Kind betete: „Lieber Gott, lass doch bitte Paris die Hauptstadt von Bulgarien werden.“ Die Mutter fragte: „Was betest du denn da? Weshalb wünschst du dir das?“ Der Junge antwortete: „Das habe ich heute in meinem Erdkunde-Aufsatz geschrieben.“

Wir sehen, was wir bewegen wollen, nur damit wir Recht behalten, nur damit das geschieht, was wir haben wollen. Wir müssen einmal erkennen, dass wir damit die Harmonie, die Symphonie der Schöpfung stören. Wir wollen es anders haben, als es im Drehbuch der Schöpfung steht. In dem Moment, wo ich im Einklang damit bin, wo ich Wirklichkeit durch mich geschehen lasse, bin ich gesund, bin ich erfolgreich, bin ich glücklich.

Ich möchte Ihnen nämlich helfen, und das ist der Sinn dieses Buches, im Wohlstand zu leben. Es ist uns in der Bibel die Fülle verheißen, nicht der Überfluss, den wir anstreben, sondern die Fülle. Die Fülle heißt: Alles, was ich wirklich brauche, jetzt zu bekommen. Ich möchte Ihnen helfen, dass Sie erkennen, wie man in allen Bereichen im Wohlstand lebt. Und Wohlstand hat nichts mit Geld zu tun. Wohlstand ist auch Geld, aber das ist eigentlich nur ein Aspekt des Wohlstandes. Wir vergessen die vielen anderen Aspekte, die viel wichtiger sind. Im Wohlstand leben heißt nämlich nichts anderes, als dass es in allen Bereichen meines Lebens zum Wohle steht. Wohlstand heißt, dass ich gesund bin, dass ich genügend Zeit habe, dass ich den richtigen Beruf habe, den richtigen Partner, dass ich noch lachen kann, dass ich mich auch am Erfolg anderer freuen kann. Das alles gehört zum Wohlstand. Dazu gehört auch, dass mein Beruf meine Berufung ist. Wir haben schon gesehen, wie man das erreicht. Ich möchte Ihnen helfen, im Wohlstand zu leben. Und es gibt nur einen Weg, im Wohlstand zu leben – es hört sich an wie ein Wortspiel – indem man vermögend wird. Nur der lebt wirklich im Wohlstand, der vermögend ist. Aber wenn wir an Vermögen denken, dann denken wir schon wieder an Geld, Aktien oder Gold. In Wirklichkeit sagt es das Wort schon, die Weisheit der Sprache: Vermögend ist nicht einer, der etwas hat; der ist besitzend. Vermögend ist nur einer, der etwas vermag. Und wer etwas vermag, der wird natürlich auch besitzen, was er braucht; denn er vermag es, Besitz zu schaffen.

Wir müssen lernen, vermögend zu werden. Wie werde ich jetzt vermögend? Dann bin ich automatisch auch erfolgreich, d.h. ich bin reich an etwas, das erfolgt, als Folge dessen, was ich tue. Ich muss lernen, vermögend zu werden. Das ist eigentlich einfach. Es ist unser geistiges Erbe, dass wir Schöpfer sind. Wir müssen nur lernen, dieses Schöpfungspotenzial verantwortungsbewusst und sinnvoll einzusetzen.

Beim Mental-Training zeige ich Ihnen genau, wie man das macht. Ich kann es hier nur kurz anreißen. Wie setze ich mein Schöpfungspotenzial ein, damit ich das hervorbringe, was mir wichtig ist?

Vielleicht erinnern Sie sich: Es gibt im Leben eines jeden Menschen Augenblicke, in denen man vollkommen glücklich ist, wo man so richtig mit sich und der Welt zufrieden ist. Man lebt in Harmonie. Und diese Augenblicke sind so schön, dass man sie am liebsten festhalten möchte, damit es immer so ist. Man möchte die Zeit anhalten und in diesem Glück leben.

Doch wir können diese kostbaren Augenblicke nicht halten. Und kaum sind wir uns dessen bewusst, sind sie schon wieder vorbei. Und wir erkennen: Alles kommt und geht, alles fließt.

Ich habe in der Meditation festgestellt, dass uns alle Energie, die wir zum vollkommenen Ausdruck unseres Lebens brauchen, jetzt und hier zur freien Verfügung steht. Wir brauchen sie nur durch uns geschehen zu lassen, z.B. Gesundheit, Kraft, Bewusstsein, Gelassenheit, Liebe, Schlankheit, Erkenntnis, Harmonie der Seele, Toleranz, Klarheit des Denkens. Was immer wir wollen, wir brauchen uns nur dieser speziellen Energie zu öffnen und sie einmal geschehen lassen. Wir halten die Energie in unserem Bewusstsein, bleiben also Kanal für diese spezielle Frequenz, für diesen Aspekt des Seins und lassen ihn drei oder dreißig Minuten geschehen.

Nehmen Sie doch einmal, damit wir es praktisch tun, irgendeine Energie, irgendetwas aus diesem Potenzial, was Ihnen wichtig erscheint, vielleicht Gesundheit, vielleicht Erkenntnis, vielleicht Liebe, und öffnen Sie sich einfach dieser speziellen Energie, indem Sie Ihr Bewusstsein auf diesen Aspekt des Seins richten, auf diese Schwingung. Nehmen Sie das, weshalb Sie hergekommen sind, vielleicht in Harmonie zu kommen, vielleicht zum Glauben zu kommen. Nehmen Sie irgendeinen Mangel. Wir können leichter negativ denken. Fangen Sie beim Mangel an: Was fehlt mir? Was ist das positive Gegenstück? Und diese Energie lassen Sie jetzt einmal durch sich wirken.

Ich sage Ihnen, wie es geht, und dann machen wir es einmal. Es sind drei Schritte. Ich mache mir bewusst, wer ich wirklich bin. Ich erkenne, dass ich ein individualisierter Teil des EINEN Bewusstseins bin, das die Kraft in Tätigkeit umsetzt. In dem Moment, wo ich mir bewusst bin, dass ich ein Teil dieses einen Bewusstseins bin und eins werde mit diesem einen Bewusstsein, setze ich die Kraft in Tätigkeit um, indem ich mein Bewusstsein darauf richte, was ich haben will, was sein soll. Und dann nehme ich im Inneren eine meditative Haltung ein. Ich stelle mir einfach vor, wie ich in meinem Inneren ruhe, in der Mitte meines Seins ruhe.

Das wäre der zweite Schritt. In der Stille-Minute üben wir es jedes Mal. Wir lassen den Körper bewegungslos, die Gedanken sind konzentriert, das Bewusstsein ist gerichtet, und so bin ich eins mit dem EINEN Bewusstsein.

Beim dritten Schritt lasse ich geschehen, lasse ich diese eine Energie fließen und warte, bis die Wirkung von selbst endet. Wir haben es schon einmal gemacht, als wir in der Stille-Minute Liebe fließen ließen. Das ist eine solche Energie. Wir haben unser Bewusstsein damit gefüllt. Wir waren eins in der Liebe. Und wir haben den ganzen Raum gefüllt. Vielleicht machen wir es noch einmal, dass wir miteinander in ein gemeinsames Feld gehen, dass wir eine Energie durch uns wirken lassen, die durch die Gruppenenergie verstärkt wird. Vielleicht nehmen wir die Liebe. Wer etwas Dringenderes hat, z.B. Glauben, mag die Energie nehmen. Die Energie des Glaubens geht auch innerhalb der Gemeinschaft. Aber wer jetzt keinen speziellen Wunsch hat, wer bereit ist, einmal die Liebe durch sich wirken zu lassen, der mag es jetzt geschehen lassen und zuschauen, hinfühlen was geschieht, während die Liebe fließt.

Ich führe Sie beim ersten Mal, bis Sie wissen, wie es geht. Dann können Sie es allein. Ich mache es mit Ihnen, damit Sie es leichter haben, damit Sie, wenn Sie später in der Erinnerung oder wenn Sie die Bänder dieses Seminars hören, wieder in die Energie hineingehen und es leichter nachvollziehen können.

Lassen wir jetzt einmal Liebe fließen in diesen drei Schritten, das heißt Wirklichkeit geschehen lassen. Denn Liebe ist eine Wirklichkeit. Die Kraft der Liebe ist da. Sie ist ein ruhendes Potenzial. Sie wartet darauf, in Erscheinung, in Aktion treten zu dürfen. Und wir tun dies jetzt einmal miteinander.

Meditation im Seminar:

Ich mache es mir wieder einmal ganz bequem, schließe meine Augen und lasse meinen Körper los. Ich gestatte meinem Körper, wieder bewegungslos zu sein und lasse mich in mich hineinsinken. Ich sinke in mich hinein, in das Licht meines wahren Selbstes. Ich spüre, wie das Licht mein ganzes Sein erfüllt.

Und in diesem Licht meines wahren Selbstes mache ich mir bewusst, wer ich bin. Ich bin ein individualisierter Teil des All-Bewusstseins. Ich bin ein Teil des einen Bewusstseins, das wir Gott nennen. Und so öffne ich mein Bewusstsein, lasse es ganz weit werden und werde eins mit dem All-Bewusstsein. Mein Bewusstsein und das All-Bewusstsein verschmelzen zu einem Bewusstsein. Ich bin eins mit dem einen Bewusstsein. Und alles, was ich in mir geschehen lasse, in meinem Bewusstsein, bewegt die höchste Kraft im All-Bewusstsein.

Und in dieser Einheit des Bewusstseins öffne ich mich jetzt der Kraft der Liebe. Ich mache mich einfach ganz weit, öffne mein Herz und lasse Liebe geschehen. Ich spüre, wie die Liebe in mich einströmt und in mir und durch mich wirkt. Ich lasse Liebe in mir geschehen, spüre die Klarheit, die in mir wirkt, mein Gerichtetsein, spüre, wie mein Herz weit wird. Liebe geschieht in mir. Ich mache mir immer wieder bewusst, was geschieht.

In mir wirkt SEINE Liebe. Es ist SEINE Liebe, die in mir wirkt. Und ich öffne mich ganz weit, lasse SEINE Liebe in mir geschehen und spüre, wie SEINE Liebe mich verändert, wie SEINE Liebe in mir wirkt. Ich halte mein Bewusstsein auf das Wirken SEINER Liebe in mir gerichtet.

Und während ich spüre, wie SEINE Liebe in mir wirkt, mache ich mir einmal dieses Kraftfeld der Liebe bewusst, in dem ich hier bin. Ich spüre SEINE Liebe in mir, um mich im Raum; spüre, wie SEINE Liebe in mir und durch mich wirkt, mich aufrichtet, mich in Harmonie mit dem Leben bringt, mich gesund werden lässt, mir Kraft gibt, mich in meinem Glauben stark werden lässt. All das und noch mehr bewirkt SEINE Liebe in mir.

Und dankbar spüre ich, wie SEINE Liebe auch meinem Nächsten hilft, wie SEINE Liebe gleichmäßig jedem zur Verfügung steht, in jedem wirkt, in dem Maß, wie er es zulässt. Ich bestimme, wie viel von SEINER Liebe in mir wirksam werden kann. So öffne ich mich ganz weit und spüre, wie SEINE Liebe sich wie eine Sturzflut durch mich ergießt und wirkt, wie SEINE Liebe wirkt. Dankbar öffne ich mich SEINER Liebe.

Ich schaue einfach einmal hin, was durch SEINE Liebe geschieht. Ich fühle es, spüre, nehme wahr, was SEINE Liebe in mir bewirkt. Ich spüre dankbar das Wirken SEINER Liebe in mir. Und ich bleibe von nun an in der Geborgenheit SEINER Liebe, denn ich weiß,

ER hat das Beste für mich vorgesehen aus Liebe. Und so lasse ich dankbar geschehen, was das Leben durch mich verwirklichen will, und ruhe in der Geborgenheit SEINER Liebe.

Ich lasse einfach SEINE Liebe weiter in mir wirken und durch mich geschehen, aber löse mich behutsam wieder, kehre wieder zurück an die Oberfläche des Seins, zurück ins Hier und Jetzt; aber bleibe offen für das Wirken SEINER Liebe in mir und durch mich. Ich lasse weiter SEINE Liebe geschehen. Ich ruhe von nun an in der Geborgenheit SEINER Liebe.

Wann immer ich bereit bin, öffne ich meine Augen und bin wieder ganz im Hier und Jetzt; aber lasse weiter SEINE Liebe durch mich geschehen und in mir wirken.

Wenn wir in diesem Bewusstsein bleiben, geschieht 24 Stunden am Tag SEINE Liebe durch uns, sind wir in Harmonie mit dem Leben, müssen wir immer gesünder werden, immer kraftvoller, immer glücklicher, mehr noch, werden wir zwangsläufig zur Chance für andere. Denn wohin wir in diesem Bewusstsein der Liebe kommen, wird es ein bisschen liebevoller, wird die Welt ein bisschen lichter, werden wir zum Botschafter SEINER Liebe.

Deswegen sollten wir diese Meditation nicht beenden. Wir sollten sie einfach weiter geschehen lassen, während wir arbeiten, während wir essen, während wir schlafen und in einen neuen Tag gehen. Wir sollten uns immer wieder einmal bewusst machen, dass unser ganzes Leben von nun an eine Meditation ist, ein Gebet, 24 Stunden am Tag im Wirken SEINER Liebe zu sein.

Mit diesem Bewusstsein schauen wir einmal hin, was wir gelernt haben:

Wir haben gelernt, dass wir selbst verantwortlich sind für unsere Gesundheit und für unser Schicksal. Es ist niemand sonst da. Und wir verursachen Gesundheit und Schicksal mit unserem Bewusstsein. Unser Bewusstsein verändern wir durch unser Denken. Am Anfang steht der Gedanke. So steht es auch in der Schöpfungsgeschichte: „Am Anfang war der Logos.“ Üblicherweise wird es übersetzt mit: „Am Anfang war das Wort, und das Wort war bei Gott.“ Aber Logos heißt nicht nur Wort. Logos heißt auch Gedanke. Und bevor ein Wort sein kann, muss ein Gedanke gewesen sein. Und so ist am Anfang der Schöpfung die Idee, die göttliche Idee, die sich als Gedanke ausdrückt.

Wir haben gelernt, dass wir Schöpfer sind, dass wir Gesundheit und Schicksal selbst bestimmen können durch die Art unseres Bewusstseins, dass wir ganz gezielt unser Bewusstsein verändern können,

- indem wir zunächst einmal falsche Gewohnheiten loslassen,
- indem wir verlernen, uns zu ärgern mit all seinen verheerenden Folgen,
- indem wir verlernen, in Stress zu geraten,
- indem wir uns aus der Angst befreien durch ein gerichtetes Bewusstsein,
- indem wir unser Bewusstsein immer wieder – mehrmals am Tag – ausrichten, den Körper loslassen, die Gedanken konzentrieren, das Bewusstsein klar werden lassen, Liebe wirken lassen;

und indem wir aus dem richtigen Denken heraus uns natürlich auch richtig ernähren, das Richtige im rechten Maß zur rechten Zeit essen;

dass wir uns richtig bewegen;

dass wir uns nicht mehr „pflegeleicht“ kleiden, sondern natürlich;

dass wir, wenn wir im gerichteten Bewusstsein sind und dieses

Bewusstsein halten, das Richtige tun, nicht mehr Gutes oder Böses, sondern das Richtige;

dass es also nur darauf ankommt, in diesem gerichteten Bewusstsein zu bleiben.

Ich versuche, Ihnen zu helfen, indem wir in den Meditationen einmal dieses gerichtete Bewusstsein als Kraftfeld geschaffen haben. Wir alle sind Teil dieses Kraftfeldes. Wir haben einmal diese Ausrichtung in uns erfahren. Wir können jederzeit wieder hineingehen. Wir sollten es tun.

Und vor allem sollten wir in dieser ständigen Meditation oder in diesem ständigen Gebet bleiben, damit SEINE Liebe ganz bewusst in uns und durch uns wirkt.

Wir haben eine wunderbare Atmosphäre. Wir sind offen im Bewusstsein. Noch immer wirkt SEINE Liebe in uns. Sie sollte auch weiter wirken. Also, der Boden ist wunderbar bereitet für eine Meditation. Lassen wir das miteinander geschehen.

Abschlussmeditation im Seminar:

Ich schließe meine Augen, lasse meinen Körper los und ruhe in meiner Mitte. Ich lasse mich einfach in mich hineinsinken und ruhe im Licht meines wahren Selbstes, in mir. Und während ich in mir ruhe, bewege ich die folgenden Worte in meinem Herzen:

HERR, lass mich sein, wie die Erde ist!
Von Anbeginn der Zeit ist alles gestorben und
zu Erde geworden,
und doch ist die Erde die Mutter allen Lebens.

Die Erde fragt nicht,
ob der Sämann gerecht oder ungerecht ist.
Sie nimmt an, gibt Kraft, lässt gedeihen und wachsen.
Lass mich sein, wie die Erde ist!
Lass mich, wie die Erde, annehmen, wo man mir gibt,
und tausendfach zurückgeben,
was ich bekommen habe.
Die Erde ist verwandelbar.
Sie ändert sich Stunde um Stunde, Tag um Tag,
und doch bleibt sie stets gleich.
Die Einsamkeit der Wüste und der Berge schafft Abstand zu den lärmenden und glitzernden Dingen unserer Welt und gibt Klarheit und Ruhe.
HERR, lass mich sein, wie die Erde ist, klar und ruhig!
Lass mich verwandelbar sein, wie die Erde ist.
Lass mich sein!

HERR, lass mich sein, wie das Wasser ist!
Wasser ist völlig widerstandslos
und überwindet doch den stärksten Widerstand.
Wie immer die Gestalt eines Gefäßes auch sein mag,
das Wasser passt sich dieser Form an.
Und doch formt nichts anderes so intensiv wie das Wasser.
Denn es war das Wasser, das den Kontinenten die Form gab.
Wasser arbeitet, aber es strengt sich niemals an.
Es kann eine Mühle antreiben oder eine Stadt erleuchten,
aber es wird niemals müde.
Wasser ist farblos,
aber was ist ein Regenbogen anderes als Wasser?
Wasser ist geschmacklos,
aber ohne Wasser würde nichts schmecken.

Wasser lehrt uns Demut,
denn es sammelt sich stets am niedrigsten Punkt,
und doch beugt sich selbst der Mächtigste zu ihm herab,
um es zu trinken.
HERR, lass mich sein, wie das Wasser ist!
So formbar und so formend – und so demütig.

HERR, lass mich sein, wie die Luft ist!
Lass mich so wie die Luft eine tragende Kraft sein –
die Kraft, die die Mücke so sicher trägt wie den Adler.
Ohne Mühe erreicht sie den höchsten Berggipfel,
bewegt die Zweige einer Linde als Abendwind
oder verwandelt als Sturm die Erde.
Und immer bleibt sie unsichtbar
und vollbringt doch stets ihr Werk.
Die Luft gibt ohne Preis und versagt sich nie,
ist niemals erschöpft und füllt jede Leere aus.
Luft ist der Atem des Lebens,
denn ohne sie ist kein Leben möglich.
HERR, lass mich sein, wie die Luft ist,
die Luft, die durch nichts begrenzt ist!
Lass mich überall sein, wo ich gebraucht werde,
und mein Werk tun – ohne auf Dank zu achten.

HERR, lass mich sein, wie das Feuer ist!
Feuer verwandelt alles, was es berührt.
Lass mich wie das läuternde Feuer
alles Unreine in mir verbrennen,
damit das Reine hervorscheinen kann.
Das Licht meines Denkens soll leuchten wie Feuer
und die Liebe meines Herzens strahlen wie Feuer.
Lass in mir das ewige Feuer der Liebe brennen,

lass alles, was ich berühre, in Liebe brennen.
Lass mich mein Herz und die Herzen der anderen
entzünden mit dem Feuer der Liebe.
Lass dieses Feuer immer weiter um sich greifen
und die Welt entzünden,
bis das Feuer der Liebe die Welt erleuchtet.
HERR, lass mich sein, wie das Feuer ist.
Lass in mir ewig den Wunsch brennen, zu dir zu finden.
Lass mich leuchten im Feuer der Liebe,
das alles entzündet und alles verwandelt in Liebe!

HERR, lass mich von nun an mein Leben lang
in der Geborgenheit deiner Liebe ruhen
und deine Liebe ständig durch mich geschehen lassen.
Und dafür bin ich dankbar.
Ich bin aus tiefstem Herzen froh und dankbar
und ruhe von nun an in der Geborgenheit deiner Liebe.
Ich bleibe in diesem Bewusstsein
und gehe von nun an meinen Weg
in der Geborgenheit SEINER Liebe.

In diesem Bewusstsein kehre ich zurück an die Oberfläche des Seins, zurück ins Hier und Jetzt.

Wann immer ich bereit bin, öffne ich wieder meine Augen und bin ganz bewusst im Hier und Jetzt.

Ich bedanke mich, dass Sie bereit waren, sich zu öffnen und SEINE Liebe durch sich geschehen zu lassen.

Ich wünsche Ihnen alles Gute und freue mich auf eine nächste Begegnung.

Leserservice

Prof. Kurt Tepperwein persönlich erleben:

Wünschen Sie, tiefer in das Thema dieses Buches einzusteigen und die Chance zu nutzen, Prof. Kurt Tepperwein live zu erleben?

Wir bieten Ihnen die folgenden Seminare und Ausbildungen an:

Seminare:
- ❑ Mentalkybernetik
- ❑ Heile Dich selbst
- ❑ Perlen der Weisheit
- ❑ Erfolgreiche Praxisführung
- ❑ Erfolg-reich-sein

- ❑ Optimales Selbstmanagement
- ❑ Atman (Durchbruch zur Wirklichkeit)
- ❑ Der Tepperwein-Prozess
- ❑ Märchenhaft Leben
- ❑ Ferienakademien

Ausbildungen:
- ❑ Dipl. Lebensberater
- ❑ Dipl. Intuitions-Trainer
- ❑ Dipl. Bewusstseins-Trainer
- ❑ Dipl. Seminarleiter

Heimstudiengänge:
- ❑ Dipl. Lebensberater
- ❑ Dipl. Intuitions-Trainer
- ❑ Dipl. Erfolgs-Trainer
- ❑ Dipl. Mental-Trainer
- ❑ Dipl. Seminarleiter
- ❑ Dipl. Mental-Gesundheitsberater

Gesamtprogramm:
- ❑ Gesamtseminar- und Ausbildungsprogramm der IAW
- ❑ Neuheiten der Bücher, Audio- und Videoprogramme von Prof. Kurt Tepperwein

Dazu ein persönliches Geschenk:

Die 20-seitige Broschüre „Praktisches Wissen kurz gefasst“ von Prof. Kurt Tepperwein.

Sie erhalten Ihre gewünschten Informationen selbstverständlich kostenlos und unverbindlich bei:

Schweiz: Internationale Akademie der Wissenschaften (IAW)
St. Markusgasse 11 · FL-9490 Vaduz
Telefon 075 / 233 12 12 · Fax 075 / 233 12 14

Deutschland: Telefon/Fax 0911/69 92 47 (Beratungssekretariat)

Lebensschule Dietrich

- Tepperwein-Organisation für Österreich -

bietet Ihnen folgendes Tepperwein Programm:

- ☐ Tepperwein-Festival
- ☐ Seminare
- ☐ Ferienseminare
- ☐ Vorträge
- ☐ Mentaltraining nach Kurt Tepperwein
- ☐ Ausbildung zum/zur dipl. MentaltrainerIn nach Kurt Tepperwein
- ☐ Aus- und Fortbildung zum/zur LebenslehrerIn - LebenstrainerIn
- ☐ Bücher, Audio-, Videoprogramm
- ☐ Tepperwein-Collection Naturmittel

Ausführliche Informationen bei:

Lebensschule Dietrich
Hermann-Lex-Weg 1
A-8101 Gratkom
Telefon: 0 31 24 / 24 501
Fax: 0 31 24 / 24 722
dietrich@inode.at
www.inode.at/dietrich

168 Seiten, broschiert,
€ [D] 11,90 / sFr 21,30
ISBN 3-89845-092-9

Kurt Tepperwein

Lebenskünstler leben leichter

In der Schule haben wir gelernt, wie lang der Nil ist, wir wissen, wer Goethe war und wir kennen das Einmaleins. – Aber eines hat man uns nicht beigebracht: wir selbst zu sein.
Erheben Sie sich jetzt über Ihr enges, begrenzendes „Ich" – und erleben Sie ein Leben als „Selbst"! In einfachen Worten erklärt der Autor, wie Sie sich selbst die Krone aufsetzen und von nun an mit Hilfe der Techniken des Geistes endlich das Leben führen können, von dem Sie bisher nur geträumt haben. Denn: Viele Menschen interessieren sich zwar dafür, ob es ein Leben nach dem Tod gibt. Dabei ist es viel wichtiger, dafür zu sorgen, dass es ein Leben davor gegeben hat. Und genau aus diesem Grund sollten Sie dieses Buch zur Hand nehmen ...

40 Karten in Box
€ [D] 9,90 / sFr 19,90
ISBN 3-89845-080-5

Tepperwein

Glücklich-Sein

Glück ist nicht das Ergebnis von Tun und Handeln, sondern von unserem Sein. Wir sagen nicht, ich tue glücklich, sondern ich bin glücklich. Wir können im Tun zwar in einen glücksähnlichen Rausch verfallen, aber diese Glücks-Illusion ist am Ende doch nur kurz und schal.
Glück ist ein Seinszustand. In unserem wahren Wesen sind wir bedingungslos glücklich. Jeder hat zu jeder Zeit Zugang zum eigenen Glück. Deshalb sollten wir vor allem das Paradies unseres eigenen Glücks finden, bevor wir von anderen erwarten, dass sie uns glücklich machen.
Diese Karten helfen, das eigene Lebensglück zu entdecken und zu entfalten.

40 Karten in Faltschachtel
€ [D] 9,90 / sFr 19,00
ISBN 3-89845-041-4

Kurt Tepperwein

Die geistigen Gesetze

Die meisten Menschen betrachten das Leben als einen Kampf, aber es ist kein Kampf, sondern vielmehr ein Spiel. Jedoch eines, das ohne Kenntnisse der „geistigen Gesetze" nicht erfolgreich gespielt werden kann.
Prof. K. Tepperwein beschäftigt sich seit Jahrzehnten mit diesen „geistigen Gesetzen", den Schicksalsgesetzen, über die berühmte Meister und Philosophen geforscht und gelehrt haben. Aufbauend zu dem Buch „Die geistigen Gesetze" hat er nun das passende kreative Kartenspiel entwickelt, das Ihnen helfen soll, sich mehr und mehr als untrennbaren Teil des großen Ganzen zu fühlen.

208 Seiten, broschiert,
€ [D] 14,90 / sFr 26,80
ISBN 3-89845-090-2

Bijan Anjomi

Auf die Plätze, fertig ... reich!

Das 30-Tage-Programm für ein Leben in Fülle

Mit 30 einfachen Lektionen führt Bijan den Leser Schritt für Schritt zu vollkommener Gesundheit, Lebensfreude und unbegrenztem Wohlstand. Im Vertrauen auf unsere Höhere Führung werden sich uns Tag für Tag mehr Wunder in unserem Leben erschließen. Wir lernen, unser Ego und seine Verblendungen abzulegen, ganz im Hier und Jetzt zu leben und das Leben in seiner wahren Schönheit zu genießen. Indem wir unser Herz öffnen, uns mit all unseren Sinnen völlig dem Augenblick hingeben und nach Frieden, Licht und Liebe streben, eröffnet sich uns unser wirklicher innerer Reichtum – und das Füllhorn des Universums wird sich über uns ergießen.

160 Seiten, broschiert
€ [D] 9,90 / sFr 18,10
ISBN 3-89845-054-6

Franziska Krattinger

Erfolgsrezepte

Greife nach den Sternen, wenn du wachsen willst

Menschen leben in ihren Gewohnheiten und sie wiederholen sich ständig. Um seine Gewohnheiten, die allein aus fixiertem Denken entstehen, zu ändern, muss der Mensch zuerst auf andere Gedanken kommen. Denn andere Gedanken bringen neue Vorstellungen und neue Vorstellungen bringen neue Lebenssituationen. Die richtige Einstellung macht jeden Menschen zum Gewinner! Franziska Krattinger hilft den Menschen, auf andere Gedanken zu kommen und so ihr Leben mit wahrer Freude, tiefer Liebe und verstärktem Bewusstsein dauerhaft zu verändern und sich so den Weg durch den Alltag zu erleichtern.

384 Seiten, broschiert,
€ [D] 19,90 / sFr 34,90
ISBN 3-89845-086-4

Wolfgang Grußmann

unverschämt glücklich ...

Briefe an die geliebte Seele

Der Autor verstrickt den Leser in eine Liebesgeschichte in 49 Briefen, die den Rahmen all dessen sprengt, was man bisher an spiritueller Lebenshilfe kannte. Die große Liebe seines Lebens wendet sich von ihm ab – und frisch, humorvoll und voller Lebensbejahung reißt uns der Autor mit in seine Herzöffnungsstrategie, bei der er die Mauern des Verstandes und alle Ängste, mit denen sich die Seele vor Verzweiflung schützen will, niederreißt. Nach der Lektüre dieses Buches gibt es keinen Grund mehr zu falscher Scham und unbewussten Schuldgefühlen ... das ureigenste, wahre Wesen kommt zum Vorschein – und das ist, einfach „un-verschämt" und „glücklich" zu sein.

224 Seiten, gebunden
€ [D] 15,90 / sFr 28,50
ISBN 3-931652-08-4

Edith Fiore

Besessenheit und Heilung

Die Befreiung der Seele

Depressionen, Phobien, Sucht und viele andere Erkrankungen werden oft durch Geister verursacht, die nach dem Tod als „erdgebundene Seelen" in der physischen Welt verbleiben und sich mit Lebenden verbinden. Die bekannte amerikanische Psychologin Edith Fiore beschreibt solche Fälle aus ihrer langjährigen praktischen Erfahrung und zeigt Behandlungsmöglichkeiten auf. Sie gibt praktische Anleitungen, wie wir Besessenheit bei uns selbst und anderen entdecken und uns vor fremden Wesenheiten schützen oder davon lösen können.

60 Seiten, gebunden
11 ganzs. Farbfotos
€ [D] 14,90 / sFr 26,80
ISBN 3-931652-72-6

Elisabeth Kübler-Ross

Warum wir hier sind

Antworten auf Fragen, die in ihren anderen Büchern noch nicht gestellt wurden, und uns alle bewegen:

Warum sind wir Menschen hier? Warum müssen wir immer wieder inkarnieren? *Warum vergessen wir eigentlich, woher wir gekommen sind?* Was sollen wir in dieser Erdenschule lernen? *Was können wir aus einer Partnerschaft lernen?* Wie kann man mit dem Jenseits in Kontakt kommen? *Wie bereiten wir uns auf ein erneutes Erdenleben vor?* Hat denn alles, was einem im Leben widerfährt, einen Sinn?

Dick Nijssen

Karten zur Selbstverwirklichung

Worte von großen Weisheitslehrern inspirieren dich und laden dich ein, zu einer noch tieferen Wirklichkeit erweckt zu werden.

80 Karten in Karton; € [D] 10,90 / sFr 20,70; ISBN 3-89845-023-6

Weitere Karten von Dick Nijssen:

Erkenntnis-Karten ISBN 3-931652-39-4 · 78 Karten · € [D] 10,90 / sFr 20,70

Psychologische Erkenntniskarten ISBN 3-931652-58-0 · 78 Karten · € [D] 10,90 / sFr 20,70

Spirituelle Erkenntnis-Karten ISBN 3-931652-69-6 · 78 Karten · € [D] 10,90 / sFr 20,70